Santos para Hoy

Jerome K. Williams

Augustine Institute

Greenwood Village, CO

Augustine Institute
6160 S. Syracuse Way, Suite 310
Greenwood Village, CO 80111
Tel: (866) 767-3155
www.augustineinstitute.org

© 2017 Augustine Institute, Greenwood Village, CO
ISBN-978-1-950939-02-2
Todos los derechos reservados.

A menos que se indique lo contrario, las citas de la Sagrada Escritura se han tomado de La Biblia Latinoamérica, Editorial Verbo Divino, edición revisada 1995.
© 1998 Sociedad Bíblica Católica Internacional (SOBICAIN).
Usada con la debida autorización.
Todos los derechos reservados en todo el mundo.

Diseño de la portada: Devin Schadt
Imagen de la portada: © Restored Traditions. Usada con permiso.

Extraído de *True Reformers: Saints of the Catholic Reformation*
© 2017 Augustine Institute, Greenwood Village, CO
ISBN-978-0-9982041-8-5
Todos los derechos reservados.
Impreso en Estados Unidos de América.

Contenido

Prólogo   v

Introducción   1

1. San Ignacio de Loyola   9
2. San Francisco Javier   31
3. Santa Teresa de Ávila   51
4. San Juan de la Cruz   75

Epílogo   95

Prólogo

No hay santos cortados con el mismo molde. Los santos son la prueba viva de que Dios nos ha hecho a cada uno de nosotros a su propia imagen y completamente únicos. El sentido de este carácter distintivo puede perderse al leer acerca de los santos. Al comienzo, todos parecen iguales: en la oración y la penitencia, en los milagros y en las frases o los sumarios devotos de sus enseñanzas que rozan en lo obvio.

No es así con los *Santos para Hoy*.

En las páginas siguientes, se describen cuatro santos que se comprometieron por completo con Cristo y su Iglesia y sin embargo fueron totalmente diferentes. Son testimonios de la singularidad de todos los seres humanos, una singularidad que se va revelando a medida que el santo concuerda con Cristo.

Aquí no hay frases trilladas que podrían aplicarse a todas las personas santas que hayan vivido. Cada descripción cobra vida como la historia de un individuo. En pocas páginas, uno comprende qué significa para Francisco Javier recorrer el mundo con un espíritu misionero. Aprendemos a entender la conversión de Ignacio de Loyola, de soldado a peregrino. Podemos vislumbrar el alma mística de santa Teresa y la increíble resiliencia de san Juan de la Cruz. Leer estos relatos es una especie de retiro. Brinda una oportunidad para reflexionar sobre nuestro amor a Dios, nuestra vida de oración y la misión que Dios nos ha asignado a cada uno de nosotros a la luz de nuestros maestros espirituales.

En *Santos para Hoy*, vemos las misiones de estos santos en relación con las necesidades de la Iglesia y del mundo. De hecho, el diagnóstico de las épocas enseña algo profundo acerca de la Iglesia y del mundo, que nos permite ver cómo el espíritu del santo satisface las necesidades características del momento. En ello encuentra el lector una aplicación contemporánea, pues se pregunta: ¿dónde están los santos que Dios está formando hoy, a quienes yo pueda seguir?

Aunque cada uno de estos santos se destaca por su singularidad, me ha impactado una constante en todos ellos. Cada uno se comprometió profundamente con la humilde y difícil tarea de servir a Cristo en los pobres y los necesitados. Todos prestaron servicios en hospitales—un tipo de instituciones muy diferente entonces de lo que son ahora—o durante plagas. Y entregaron generosamente sus pertenencias y su tiempo a los pobres, no en forma ocasional como un tipo de recreación espiritual o como una responsabilidad obligatoria, sino como una expresión de amor que emerge de su vida de discipulado. Esto presenta un desafío para cada uno de nosotros que estamos buscando nuestro camino por la senda de la santidad: ¿amamos a Cristo en los pobres?, ¿cuánto nos cuesta eso?

Estos santos no fueron personas perfectas. Muchos de sus planes no dieron resultado; de haber tomado algunas de sus decisiones de otro modo, ciertamente podrían haber obtenido un mejor efecto. Fueron hombres y mujeres reales, no idealizaciones. Continúan siendo ventanas a Dios y su trascendente amor se pone de manifiesto, pero no de una manera que los haga ver raros. Más bien son como nosotros y como tales nos inspiran, ya que podemos atrevernos a creer que, si se parecen a nosotros, entonces nosotros podemos parecernos a ellos.

Y aquí yace el verdadero poder del libro. Pues en el relato sobre cada santo, uno se ve inclinado a observar su propia vida y preguntarse: ¿cuál es la misión que también yo, si dijera sí a la invitación radical a la santidad, debo cumplir en esta época, una época necesitada de reforma verdadera? En síntesis, este libro es una invitación no solo a aprender acerca de nuestros grandes hermanos en la fe, sino a tener abiertos los ojos y a redoblar nuestro compromiso con la vida de amor y servicio a la cual Dios nos ha llamado.

Jonathan J. Reyes
Director ejecutivo del Departamento de Justicia,
Paz y Desarrollo Humano de la USCCB
(siglas en inglés de la Conferencia de Obispos Católicos
de Estados Unidos)

Introducción

"Los hombres han de ser trocados por la religión; no la religión por los hombres."
—Egidio de Viterbo, V Concilio de Letrán, 1512

Los santos son la gloria de la Iglesia. Son la expresión más clara de la misión divina de la Iglesia y de su poder transformador de la vida, y son el signo de esperanza más seguro para aquellos que recorren el camino de regreso en su compañía.

Una pregunta que se hace con frecuencia es si el cristianismo "funciona". ¿Se pueden creer sus declaraciones? ¿Ha cumplido sus promesas? ¿Representa un intento exitoso de ordenar los asuntos humanos? En estos días, con frecuencia, la respuesta rápidamente devuelta es "¡no!". Nuestra época es profundamente consciente y sumamente crítica de los pecados y las faltas de tiempos pasados, ocasionalmente hasta con precisión. Hay muchos que se muestran en desacuerdo con la Iglesia, asegurando que el cristianismo ha sido un fracaso. Su caso está bien preparado. Para empezar, miran los períodos de supuesta sociedad cristiana: no necesitamos atravesar la letanía de presuntas faltas, desde las cruzadas hasta la Inquisición y hasta Galileo; se las repite tan frecuentemente que se han vuelto eslogans. Luego, miran la historia de la Iglesia institucional en sí misma. A menudo, entre los líderes de la Iglesia—obispos, sacerdotes, monjes y monjas—, no es difícil encontrar ejemplos de avaricia, sensualidad y deseo de poder. Aun donde no son evidentes pecados más flagrantes, frecuentemente acecha un espíritu de estrechez de miras, mezquindad y egoísmo, en lugar del espíritu magnánimo, noble y generoso prometido por el Evangelio. ¿Qué sucedió con el alto ideal cristiano de restaurar todas las cosas, de formar un nuevo tipo de ser humano, de participar del poder divino, de amarse los unos a los otros con ayuda sobrenatural? La mirada luego se desplaza al presente. Es fácil encontrar ejemplos de mal comportamiento entre los católicos, desde la escandalosa actividad de los sacerdotes que se portan mal hasta la menos sensacional pero más común experiencia de indiferencia e hipocresía entre los laicos. ¿No apunta todo esto a una idea fracasada? Sin embargo, por más que admiremos la personalidad de Jesús y sean cuales fueran las cualidades positivas que pueda poseer la visión teórica del cristianismo, ¿no se ha mostrado la Iglesia a sí misma incapaz de hacer realidad lo que tan elocuentemente profesa?

Un aspecto esencial de la Iglesia tal como la fundó Cristo es que es una institución divina y humana a la vez. Esta combinación de humanidad y divinidad, una mezcla que a las personas espiritualmente sensibles con frecuencia les ha parecido ofensiva, es la manera que Dios prefiere. Adopta el tema en todo lo que hace, entretejiendo de maneras indescriptibles materia y espíritu, lo mortal y lo inmortal, al Creador y la criatura, en todas sus grandes obras. Esta mezcla se puede ver en su concepción del humano, este extraño ser compuesto de cuerpo y espíritu, limitado por el tiempo y el espacio, pero que tiene una capacidad y un correspondiente anhelo por un destino divino. El tema se hace visible en la manera en que Dios presenta su palabra escrita, las Sagradas Escrituras, escritos con formas y lenguajes variados producidos durante más de mil años, redactados por muchas manos y mentes diferentes—todos procesos muy humanos—, pero que, sin embargo, tienen la autoría del Espíritu Santo, y que poseen una cualidad divina y una autoridad diferente de la de cualquier otro libro. El tema se expresa con más contundencia, incluso de manera sorprendente, en la unión del Hijo divino de Dios, el Logos Eterno, con un ser humano específico en un tiempo y un lugar particulares, Creador y criatura entrelazados en una unidad misteriosa. Y el tema toma forma en la Iglesia, una institución visible con un aspecto humano de todo tipo posible—gubernamental, relacional, cultural, económico, organizacional—compuesto y mantenido por hombres y mujeres con defectos, pero, misteriosamente, el verdadero Cuerpo de Cristo presente en el mundo.

Los santos nos han sido dados para percibir el misterio en acción. Es en su resplandeciente ejemplo que las promesas de Dios de renovar al género humano se hacen más visibles.

Esta comprensión del verdadero estado de la humanidad puede ayudar a evaluar una corriente popular de pensamiento que dice que el cristianismo es un fracaso. Gran parte de la intensidad de este sentimiento proviene de la actitud utópica esencial de la mayoría de nuestros contemporáneos. Al haber negado el Pecado Original, a nuestra sociedad se la deja pensar que en verdad podemos arreglar fundamentalmente el mundo. Entonces, nos disponemos a erradicar la injusticia, la avaricia, la sed de poder, el tráfico de humanos, hasta la tristeza y la soledad, y proponemos nuestros planes para crear un mundo de paz, felicidad y justicia. Visto desde este enfoque, se considera que el cristianismo es uno entre un número de programas diseñados para cumplir estos objetivos utópicos y, desde este punto de vista, los resultados de dos mil años de cristianismo están lejos de ser apabullantes. Difícilmente se puede negar la influencia de la Iglesia en culturas y civilizaciones enteras; sin embargo, no parecemos estar más cerca de nuestro paraíso imaginado de lo que estábamos antes de que Cristo llegara. Por consiguiente, se juzga al cristianismo como un fracaso, porque no ha erradicado decisivamente los males que nos han asolado.

Pero esto es un profundo malentendido de lo que el cristianismo ha pretendido hacer y ser. Cristo no vino para convertir la tierra en un paraíso; no todavía. Los cristianos nunca han creído que todo el mal, o incluso su mayor parte, pudiera ser vencido en la época actual del mundo. Cristo vino para dar "testimonio de la verdad" (Jn 18, 37) y, desde el comienzo de la historia de la salvación, no hay gran evidencia de que los humanos en su conjunto hayan deseado la verdad. En el nacimiento de Jesús, Simeón dijo de él que traería "caída o resurrección" y que sería una señal de contradicción (Lc 2, 34). La Iglesia lleva a cabo su misión cuando es fiel a su Fundador, cuando da testimonio de la verdad de Cristo y cuando ayuda a los que desean a Cristo a lo largo de un camino de curación y de esperanza en un Reino venidero. Jesús mismo no fue universalmente aclamado y honrado; todo lo contrario.

Entonces, ¿cómo se va a evaluar más claramente el éxito o el fracaso de la Iglesia? La medida de su éxito se encontrará en las personalidades de los santos, sus miembros más fieles y más representativos. Los santos son aquellos que resucitan con Cristo; son los ejemplos de la clase de transformación posible para aquellos que desean creer en la palabra del Médico Divino y que están dispuestos a seguir sus prescripciones. Son una señal segura de la presencia continua de Cristo en el mundo.

En asuntos de reforma, los santos son, una vez más, decisivos. La verdadera reforma es una cuestión de recuperar y mantener la verdadera imagen de Cristo, y el verdadero reformador es aquel que expresa más plenamente la imagen de Cristo en todas las facetas de la vida. Se ha dicho que la Iglesia no es una democracia; a menudo llega casi como una acusación de que la Iglesia no resuelve asuntos de verdad, justicia o bondad mediante el voto de la mayoría. Pero si la Iglesia no es una democracia, tampoco es una monarquía, no en el sentido habitual de esa palabra. En verdad, Cristo es el Rey, la Cabeza de su Cuerpo y, en ese sentido, la Iglesia es gloriosamente monárquica. Pero, al poner la realeza de Cristo en acción a través de los ministerios de sus siervos, en lo que se refiere al sistema de gobierno, al hacerse camino en el mundo, al resolver los muchos problemas y desafíos que enfrenta en un entorno humano que cambia constantemente, la Iglesia no funciona ni como una monarquía ni como una democracia. Avanza misteriosamente como una especie de oligarquía de la influencia de los santos. En definitiva, cuando el polvo del momento frenético se asiente, cuando las líneas generales de la vida de la Iglesia se puedan trazar en el tiempo, surge una verdad extraordinaria. La Iglesia no ha simplemente recorrido el camino de sus papas, o sus obispos, o sus teólogos, o sus concilios, o de la mayoría de sus miembros creyentes. En cambio, la Iglesia ha seguido a sus santos; y cuando ha seguido a papas, obispos o teólogos, lo ha hecho muy especialmente cuando ellos eran santos o porque estaban siguiendo las huellas marcadas por santos. Se descubrirá que la Iglesia ha seguido muy de cerca, por un inefable sentido espiritual, a aquellos notables respondedores a la gracia de Dios. "Sigan mi ejemplo, como yo sigo el de Cristo", les dijo san Pablo a los corintios

(1 Co 11, 1). Así lo hicieron los corintios; y así lo ha hecho la Iglesia a lo largo de los siglos, imitando a los que seguían el ejemplo de Cristo, los santos.

Esto significa que si queremos comprender la esencia de la Iglesia, necesitamos familiarizarnos con sus miembros más característicos, los santos. Si queremos evidencia del poder transformador del Evangelio, deberíamos buscar en la vida de aquellos que tomaron el Evangelio más seriamente: los santos. Si queremos entender la naturaleza de la verdadera reforma, encontraremos su patrón en la vida y la enseñanza de los verdaderos reformadores de la Iglesia: los santos.

El siglo XVI, la época en la que vivieron los santos reformadores registrados en este libro, fue para Europa una era de profundo cambio. El sistema medieval al que había pertenecido durante muchos siglos se estaba desintegrando. La sociedad europea se veía alterada de maneras significativas—demográfica, económica, política y geográficamente—en un proceso que ponía una gran presión en las instituciones existentes. Las poblaciones crecían rápidamente y estaba emergiendo una nueva clase media educada y alfabetizada. En las cortes de las monarquías europeas, se reunían nuevos centros de poder cultural y político. La invención de la imprenta hizo fácilmente accesibles las Sagradas Escrituras y otros escritos espirituales, y abrió el apetito de la época por una claridad y una coherencia teológica mayor. Un encuentro renovado y profundizado con la civilización clásica a través de la recuperación de muchos textos antiguos fue creando un fermento en la mente de la época. Muchas áreas de la vida estaban demandando un estándar más alto; en particular, el área más importante de todas: la religión. Al mismo tiempo, la cristiandad se veía en apuros para protegerse de un Imperio otomano cada vez más poderoso y, a la vez, estaba desafiada y embriagada al tener ante sí los mundos de Asia y las Américas. En medio de este cambio bullente, la institución clave de la sociedad, la Iglesia, al tener la necesidad urgente de una reforma. Los antiguos patrones ya no funcionaban; los antiguos acuerdos que alguna vez habían sido útiles se mostraban ineficaces o viciados. Durante varias generaciones, creyentes totalmente serios habían expresado el llamado: "¡Reforma en la cabeza y en los miembros!".

Los historiadores han observado que las revoluciones ocurren con mayor frecuencia no cuando las cosas están en lo peor de lo peor, sino más bien durante las épocas de expectativas crecientes. En tales épocas, lo que antes había sido, al menos, un adecuado estado de los asuntos, ya no satisfacía los estándares más altos de una nueva era. El siglo XVI fue época de expectativas crecientes en materia religiosa y de una pérdida de paciencia con los problemas en el sendero de la reforma. Fue época de profunda fe religiosa y gran fermento religioso, de personalidades fuertes y extravagantes que respondían a Dios en medio de las circunstancias de su tiempo de maneras que siguen influyendo en la Iglesia y el mundo hasta la actualidad.

Entre las más notables de estas personalidades estaban los cuatro santos de este volumen, cuyas vidas ejemplifican la manera en que la reforma de la Iglesia fue impulsada por hombres y mujeres laicos, sacerdotes, contemplativos, obispos y papas. Ver cómo respondieron a los desafíos de su tiempo nos ayudará a comprender las épocas en las que vivieron, y más que eso, con suerte, será una inspiración y una fuente de sabiduría para cumplir con las exigencias de nuestra velozmente cambiante y altamente desafiante era.

Capítulo uno

San Ignacio de Loyola

"¡Vayan y enciendan el mundo!"

Para los americanos, el año 1492 es famoso por ser cuando Colón, navegando bajo el patrocinio de la corona española, descubrió el Nuevo Mundo. Sin embargo, tiene otra importancia en la historia de España. Fue el año de la expulsión definitiva de los moros de la península ibérica, el último acto de un drama que se había desarrollado por siglos, y que marcó el comienzo de lo que se ha llamado *el Siglo de Oro*. Primero bajo el correinado de Fernando e Isabel y luego durante el reinado de Carlos V, España surgió como el reino más poderoso de Europa y la primera potencia del mundo. Los españoles crearon un vasto imperio que controlaba grandes porciones de Europa y gobernaba territorios desde América Latina y África hasta las Filipinas, en Asia Oriental. Durante aquellos años, el ejército español era prácticamente invencible. Pero no solo en la vida política, sino que en todas las áreas de la actividad cultural, la España del siglo XVI vio un florecimiento extraordinario. Fue la época de El Greco y Velázquez en la pintura, de Cervantes y Lope de Vega en la literatura, y de Tomás de Victoria en la música. Fue un tiempo de crecimiento de las universidades y de enormes desarrollos en muchas ramas del aprendizaje. El pueblo español estaba orgulloso: orgulloso de su talento militar, de sus costumbres caballerescas, de sus logros culturales y de su lealtad a la fe católica. Habiendo forjado su identidad nacional y religiosa durante siglos de lucha, típicamente perseguía sus objetivos con gran energía, valor y determinación. Un carácter nacional de este tipo podía ser un arma de doble filo. Podía, de no redimirse, producir al conquistador jactancioso o al cortesano arrogante. Pero, cuando lo transformaba el amor de Dios, podía también resultar tierra fértil para un tipo de santidad muy elevada.

Una verdad sobre los santos es que ellos trascienden la época en la que viven. Cada generación vuelve a descubrirlos y halla nueva inspiración en su vida y en su ejemplo. Sin embargo, también es cierto que los santos son personajes humanos integrados en las posibilidades y las limitaciones de sus tiempos. No son prodigios raros ajenos al espíritu de su época, sino hombres y mujeres que, por su contribución a la iniciativa de Dios, han permitido que su personalidad entera y todos los elementos de la cultura que han heredado reciban el toque de la gracia y con ello se eleven y purifiquen. En la vida de los santos, como en todo lo demás, la gracia se edifica a partir de la naturaleza.[1] Esta verdad está claramente en acción en la figura de Ignacio de Loyola. Él fue un hidalgo español de ascendencia vasca y, en muchos aspectos, su acercamiento a Dios y a la vida espiritual reflejó este antecedente. Al mismo tiempo, bajo la transformadora mano de Dios, las cualidades propias de su país y su clase cobraron en Ignacio un significado universal.

Iñigo nació en 1491 como el menor de trece hermanos en el ancestral castillo de los Loyola, una familia vasca de

---

[1] Cf. Tomás de Aquino, *Summa Theologiae*, Parte 1, 1:8: "la gracia no destruye la naturaleza, sino que lleva a plenitud sus potencialidades".

nobleza inferior. (El nombre de Ignacio lo tomaría más adelante en su vida, quizás imitando al mártir Ignacio de Antioquía). Del inicio de su vida tenemos pocos detalles, más allá de unos cuantos recuerdos sobrevenidos muchos años después. Alrededor de los quince años, prestó servicios como paje en la casa de un pariente que tenía un cargo importante en el reino de Castilla. Pasados los veinte años, entró en el servicio militar bajo el mandato del virrey de Navarra. A Ignacio la vocación militar le llegó de manera natural, pues provenía de una familia de soldados. Uno de sus hermanos murió luchando en la Ciudad de México, un segundo en Nápoles y un tercero contra los turcos en Hungría. Ignacio absorbió profundamente el espíritu de su tiempo y su lugar, y puso delante de sus ojos el ideal del hombre consumado del mundo: superficial y galante, preocupado por la gloria militar y las atenciones a las damas de moda. Su breve comentario en su *autobiografía* (en la que habla de sí mismo en tercera persona) observa simplemente que "fue un hombre dado a las vanidades del mundo con un grande y vano deseo de ganar honra".[2] En su calidad de militar para el virrey, en el año 1521, tuvo la tarea de liderar la defensa de la fortaleza de Pamplona contra un ataque francés. Fue característico del hombre insistir en defender el fuerte aun cuando sus compañeros de armas lo creyeran indefendible. En medio de la batalla, lo alcanzó una bala de cañón que le quebró gravemente una pierna y le hirió la otra. Con su valiente capitán derribado, la defensa del fuerte colapsó y sus corteses captores franceses lo enviaron a pasar su convalecencia

---

[2] Ignacio de Loyola, *Autobiografía de San Ignacio de Loyola*, texto recogido por el P. Luis Gonçalves da Cámara entre 1553 y 1555, Capítulo I, 1. (www.jesuitasdeloyola. org/imgx/textos/autobiografia.pdf).

en la casa de su padre. Su insistencia en que le curaran la pierna sin estropear su aspecto lo llevó a afrontar una serie de dolorosas operaciones y, a veces, hasta lo puso en riesgo de muerte. Tenía treinta años y su vida estaba a punto de tomar una dirección radicalmente nueva.

Para pasar el tiempo durante su convalecencia, Ignacio pidió que le proporcionaran libros de romances caballerescos. Pero en el castillo no había nada de lo que él quería, entonces optó por leer dos libros religiosos: *La vida de Cristo*, del monje alemán Ludolfo de Sajonia, y *La leyenda dorada*, una recopilación de la vida de los santos. Al confrontarse con la personalidad de Cristo y las grandes hazañas de los santos, Ignacio se conmovió profundamente. Todo el caballeresco instinto español y el deseo de gloria que corrían en él con tanta firmeza se vieron captados y exacerbados; a su anterior deseo de honores mundanos lo reemplazó una determinación de hacer grandes cosas por su verdadero Rey y así ganar la honra en el Cielo. "Porque, leyendo la vida de nuestro Señor y de los santos,"—recordaba Ignacio más adelante—"se paraba a pensar, razonando consigo: '¿qué sería, si yo hiciese esto que hizo San Francisco, y esto que hizo Santo Domingo?'".[3] Se llenó de aborrecimiento por su vida pasada y decidió hacer penitencia como peregrino. Fue el comienzo de un largo viaje que finalmente tendría un gran efecto tanto en la Iglesia como en el mundo.

El año 1521 se destacó no solo por la conversión de Ignacio. Fue el año en el que Hernán Cortés, un hombre de aproximadamente la misma edad y procedencia social que Ignacio, completó la conquista de Tenochtitlán y el Imperio Azteca, lo cual dio comienzo a un nuevo capítulo en la historia

---

[3] *Ibíd*, Capítulo I, 7.

española y europea. Fue también el año en el que Martín Lutero, habiendo escrito tres panfletos muy leídos contra la Iglesia Católica, se negara a retractarse de su posición ante la asamblea imperial general, o Dieta, en Worms, iniciando así efectivamente la Reforma protestante. Estos sucesos trascendentales contribuyeron mucho para dar forma al mundo en el que Ignacio lanzaría sus considerables energías como misionero y reformador de la Iglesia. Más tarde dijo que no creía "haber abandonado el servicio militar, sino haberlo consagrado a Dios".

La vida de Ignacio luego de su conversión puede dividirse convenientemente en tres partes o fases, cada una de las cuales tiene su especial importancia. La primera fase, que comenzó tan pronto como se produjo su conversión, duró unos tres años. Incluyó el tiempo de su convalecencia, el año que permaneció en Manresa y su peregrinaje a Tierra Santa. Fue un período de una vida interior intensa: largas horas de oración, rigurosas obras de penitencia y purificación, e increíbles experiencias místicas. La segunda fase, de unos catorce años, fue una prolongada etapa de estudio y actividad apostólica durante la cual Ignacio reunía grupos de hombres a su alrededor, primero en Barcelona, luego en las universidades de Alcalá, Salamanca y París, y durante un breve tiempo en Venecia. Fue un período de perfeccionamiento de su método de evangelización y de significativa oposición a su apostolado. La fase final empezó con su regreso a Roma en 1538 e incluyó la fundación de la Compañía de Jesús dos años después y sus obligaciones de gran envergadura como general de la orden, una tarea que concluyó solo con su fallecimiento en 1556.

La primera fase: Dios le enseña a Ignacio

Una regla de la vida espiritual, práctica y cumplida a lo largo del tiempo, dice que uno debe ser cauteloso a la hora de imitar a los santos. Su fe, sus virtudes y su rendición a la Voluntad Divina son ejemplos para todos los creyentes. Pero los patrones particulares de la vida de ellos y la forma específica en la que son llamados a responder a la iniciativa providencial son a menudo excepcionales e idiosincráticos. Lo que es excelente en la vida de un santo puede no ser prudente o loable en cada creyente. Debemos recordar esta regla al analizar la vida de san Ignacio.

Desde el primer momento de su conversión, Dios trató a Ignacio de una manera especial. La singularidad no fue tanto en la conversión en sí misma. Sin duda, fue un hecho dramático pasar de soldado a peregrino como lo hizo Ignacio, dejando atrás familia, ambiciones mundanas, estatus social y posesiones para seguir a Cristo. Aunque muchos otros, atraídos por la belleza y el amor de Dios, han alterado su vida de maneras igualmente drásticas. Cuando Pedro y Juan abandonaron sus redes y su negocio de pesca para seguir a Jesús, crearon el patrón interior de toda conversión verdadera. Lo que distinguió los primeros años de la conversión de Ignacio fue el grado hasta el cual Dios se hizo cargo de él y le enseñó profundas verdades espirituales y pastorales, incluido todo el ciclo de la doctrina católica, sin que casi no mediara ayuda alguna de los demás. Ignacio llegó a darse cuenta de esto por sí solo. De aquellos primeros años, dijo posteriormente: "En este tiempo le trataba Dios de la misma manera que trata un maestro de escuela a un niño, enseñándole;...claramente él juzgaba y siempre ha juzgado que Dios le trataba desta manera".[4]

Hubo un claro propósito providencial en la conversión de Ignacio. Al igual que san Pablo, Ignacio fue un instrumento que Cristo eligió para utilizarlo en aras de una gran misión apostólica. Como Pablo, tenía una personalidad fuerte y una voluntad férrea, pero estos atributos estaban ejerciéndose en una dirección equivocada. Como a Pablo, el Espíritu Santo le enseñó el Evangelio como preparación para esa misión. Sobre su propia recepción de la fe, una vez Pablo escribió: "Les recordaré, hermanos, que el Evangelio con el que los he evangelizado no es doctrina de hombres. No lo he recibido de un hombre, ni me fue enseñado, sino que lo recibí por una revelación de Cristo Jesús". (Gál 1, 11-12). Aunque nunca reivindicó ninguna autoridad profética o apostólica, Ignacio hablaba de manera parecida acerca de cómo él había recibido el Evangelio. Más adelante relató una experiencia de este tipo de cuando había estado en Manresa: "Y estando allí sentado se le empezaron abrir los ojos del entendimiento; y no que viese alguna visión, sino entendiendo y conociendo muchas cosas, tanto cosas espirituales, como cosas de la fe y de letras". Junto con esta experiencia de entendimiento infundido, Ignacio recibió visiones de Cristo, de Nuestra Señora y de la Santísima Trinidad que le inculcaron muy profundamente estas verdades, tal como dijera más tarde: "si no huviese Escriptura que nos enseñase estas cosas de la fe, él se determinaría a morir por ellas, solamente por lo que ha visto".[5]

El efecto de estas visiones y gracias divinas se hizo evidente en la forma en que Ignacio comenzó, inmediatamente

---

[4] *Autobiografía*, Capítulo III, 27.
[5] *Ibíd*, Capítulo III, 30, 29.

después de su conversión, no sólo a hablar de su recién descubierta vida, que habría sido bastante natural, sino a guiar a los demás con toda confianza como maestro de la fe y director de almas. A la distancia en el tiempo y conociendo su curso futuro, parece obvio que Ignacio rápidamente se convertiría en un guía espiritual. Pero si lo vemos como lo habrían visto sus coetáneos, la singularidad de su comportamiento es más llamativa. Aquí estaba un hombre que había pasado sus primeros treinta años persiguiendo nada más que intereses mundanos. Había arrojado toda su energía en la adquisición de fama y de una carrera prestigiosa, y sus gustos y afectos se habían moldeado con ese patrón. No hay duda de que era católico, pero de los que lo son por herencia y que, aunque están familiarizados con las prácticas culturales de la Iglesia, las ven como meras convenciones sociales. Había recibido muy buena capacitación en las artes militares y en las exigencias de la vida social, pero poca educación en otras áreas. No sabía casi nada de teología. Este mismo hombre tiene entonces un encuentro impresionante con Cristo y se determina a cambiar el curso de su vida. Necesariamente tiene una ardua tarea frente a sí, la tarea de todo converso que se haya dedicado a forjar su carácter alejado de la voluntad de Dios. Tendrá que olvidar hábitos arraigados durante muchos años. Tendrá que desarrollar un nuevo conjunto de sentidos espirituales para cobrar vida ante realidades invisibles. Tendrá que aprender algo del rico cuerpo de la doctrina y la práctica que todo católico serio adopta. Podrá esperar que, por más que cuente con la ayuda de Dios, esto requerirá tiempo y mucho trabajo, y necesitará de buenos maestros y mentores que lo ayuden en el camino.

Pero, bajo el impulso de la gracia, Ignacio toma una senda completamente diferente. Aunque busca mentores espirituales, no logra hallar a nadie que satisfaga sus necesidades. En vez de eso, se involucra en una intensa experiencia solitaria de ser formado directamente por la mano de Dios, educado en las verdades de la fe, en los principios de la oración y en las reglas del discernimiento. Luego, con confianza, toma a otros bajo su ala como maestro espiritual y les enseña lo que ha aprendido, a pesar de que él es un mero principiante en la vida espiritual. Esta clase de comportamiento caracterizaría típicamente a un neófito demasiado apasionado con más entusiasmo que conocimiento. Pero este no fue el caso de Ignacio. A pesar de ser un lego sin instrucción, exhibía un conocimiento seguro de las verdades doctrinales y morales de la fe. El novedoso método de conversión y discipulado que desarrolló durante estos años solitarios, los así llamados Ejercicios espirituales, enseguida llegaron a ser reconocidos como una maravilla de la espiritualidad católica y se los ha contado entre los medios más efectivos de transformación espiritual que la Iglesia haya conocido. Todo esto de un hombre que jamás había estudiado teología, a quien jamás había guiado un director espiritual y que hasta antes de ayer había llevado la vida de alguien banal y mundano. Quienes presenciaban el espectáculo bien podían haberse hecho la misma pregunta que los asombrados habitantes de Nazaret al escuchar las enseñanzas de Jesús: "¿De dónde, entonces, le viene todo esto?" (Mt 13, 56).

La conversión a la manera paulina y la temprana experiencia de Ignacio subrayan un principio clave de la reforma de la Iglesia: concretamente, que Cristo es Señor de la Iglesia y es él quien toma la iniciativa de impartir y proteger la vida divina de su Cuerpo. La Iglesia del siglo XVI necesitaba una reforma urgente y los cristianos serios estaban debidamente preocupados acerca de lo que podrían hacer para rectificar las cosas. Pero los destinos de la Iglesia no dependen en definitiva de la actividad humana—por muy importante que pueda ser—, sino de la fidelidad de Dios. Si los instrumentos que se supone deben cuidar de la Iglesia de Cristo y su misión resultan deficientes, Él hallará otros adecuados para sus propósitos, aunque ello signifique echar mano de un soldado vasco herido de mediana edad.

La segunda fase: Éxito apostólico y oposición

De principio a fin, Ignacio fue un hombre de hechos. Dio un gran valor a la oración y su propia vida espiritual lo puso en compañía de los grandes místicos de la Iglesia; pero, como una flecha en el arco, siempre estaba dispuesto y preparado para entrar en acción. La pregunta que siempre se hacía a sí mismo y a sus discípulos espirituales era: ¿Qué haremos por Cristo y su mayor gloria? Una vez convertido, lo primero que pensó Ignacio fue en ir en peregrinación a Tierra Santa. Existía una larga tradición de peregrinaje como ejercicio penitencial y a este propósito Ignacio le sumó un motivo más profundo. Sabiendo que ahora su vida estaba tomando un curso diferente como discípulo de Cristo, tenía la esperanza de permanecer en Tierra Santa y servir a otros peregrinos en los sitios sagrados y, de ser posible, predicar el Evangelio entre los turcos. Después de su estadía en Manresa, partió hacia el Cercano Oriente y, luego de muchas aventuras y dificultades, llegó a Jerusalén. Sin embargo, enseguida se hizo claro que los franciscanos que cuidaban los sitios sagrados no le darían permiso de quedarse. Después de menos de un mes en la Ciudad Santa, lo obligaron a embarcarse de regreso a su hogar. Así lo narraría él luego: "Después que el dicho pelegrino entendió que era voluntad de Dios que no estuviese en Hierusalem, siempre vino consigo pensando quid agendum, y al fin se inclinaba más a estudiar algún tiempo para poder ayudar a las ánimas".[6]

Durante esta nueva fase de su vida, Ignacio siguió sus estudios, pero según lo que él mismo admitiría no era su educación lo que principalmente le ocupaba la mente y las energías. Las universidades a las que concurría estaban entre las más destacadas de su tiempo—la Universidad de Alcalá, recientemente fundada por el gran erudito humanista y reformador de la Iglesia cardenal Jiménez de Cisneros, donde pasó un año y medio; la Universidad de Salamanca, la más famosa de España, en la que permaneció seis meses; y por último la Universidad de París, la principal escuela teológica del Cristianismo, donde estudió siete años convirtiéndose finalmente en maestro de teología. No obstante, aunque la educación le fue necesaria como herramienta para su misión, no fue un capítulo importante en la formación de su entendimiento ni de su vida espiritual. Él ya había absorbido las verdades de la fe de manera muy honda por medios sobrenaturales. Luego comentó que, lo que había aprendido directamente de Dios en Manresa, antes de haber empezado su educación formal, era de tal riqueza y profundidad que "en todo el discurso de su vida, hasta pasados sesenta y dos años, coligiendo todas cuantas ayudas haya tenido de Dios, y todas cuantas cosas ha sabido, aunque las ayunte todas en uno, no le parece haber alcanzado tanto, como de aquella vez sola".[7]

---

[6] *Ibíd*, Capítulo III, 30, 29.
[7] *Ibíd*, Capítulo III, 30.

Lo que ocupaba la mente y la energía de Ignacio por estos años, aparte de la dispendiosa tarea de mendigar para vivir, era su compromiso apostólico. Otra vez vemos aquí una semejanza con el apóstol Pablo. Igual que Pablo, Ignacio tenía un deseo ardiente de predicar el Evangelio, que él describió como ser para "provecho de las almas". Igual que Pablo, Ignacio era bondadoso y apasionado, y dejaba huella en todas las personas que conocía. Igual que Pablo, no era un orador hábil: nunca dominó realmente ningún idioma más que su vasco nativo, y su prédica y su conversación en castellano, francés o italiano estaban frecuentemente salpicadas de errores gramaticales y una mezcla de palabras de diferentes lenguas. Igual que Pablo, dondequiera que iba producía rápidas conversiones y levantaba un aluvión de turbulencias. Así empezó a generarse un patrón: primero, un conocimiento público de él; luego, una serie de conversiones a la fe y después, una creciente resistencia a su apostolado.

No es de extrañar que Ignacio causara un alboroto dondequiera que fuera. Un hombre de clase noble, ya de treinta y tantos años, que llegaba a la universidad a estudiar con hombres de la mitad de su edad. Aunque lego, llevaba atuendo de eremita de tela rústica, andaba descalzo y pedía limosnas para cubrir sus necesidades diarias. Pasaba mucho de su tiempo rezando, y era puntual y devoto en la recepción de los sacramentos. Aprovechaba cualquier oportunidad que se le presentaba para hablar del servicio de Dios y, según todos los testimonios, a pesar de su forma de vida poco común—quizás gracias a ella—era muy eficaz. Él invitaba todo aquel que respondía favorablemente a su mensaje a hacer los Ejercicios espirituales y los resultados eran a menudo impresionantes. Muchos, entre ellos algunos de alta posición, adquirían un renovado interés en servir a Dios y modificar drásticamente su vida, y siempre había un puñado de jóvenes que se unían a él abandonando sus ambiciones seglares e imitando su vida y su obra apostólica. En un determinado momento, todo este fermento provocaría una reacción. Ya fuera por una genuina preocupación por el bien de la Iglesia, por envidia de su influencia o por motivos terrenales entre los parientes de sus conversos, que se preocupaban por la prontitud de sus discípulos a abandonar riquezas y posición, su actividad apostólica se vería atacada. Algunos decían que era un seductor de estudiantes; otros cuestionaban su ortodoxia; otros divulgaban rumores falsos sobre su moral y decían que sus compañeros "vestían bolsas" o los llamaban "iluminados". En más de una ocasión, lo llevaron preso. Cinco veces estuvo ante la Inquisición y las cinco veces no se halló error alguno en su doctrina ni en su forma de vida. Atravesó todas estas duras experiencias con tranquilo fervor. "¿Pues tanto mal os parece que es la prisión?", le dijo una vez a una mujer que expresaba preocupación por verlo en la cárcel. "Pues yo os digo que no hay tantos grillos ni cadenas en Salamanca, que yo no deseo más por amor de Dios".[8]

El gran instrumento de la obra apostólica de Ignacio fueron los Ejercicios espirituales que creó en Manresa y que continuó perfeccionando con el correr de los años. Mucho se ha escrito acerca de los Ejercicios, que consisten no tanto en un libro de devoción sino en un manual para hacer un retiro de treinta días. El objetivo de los Ejercicios era retirar a la persona de la vorágine de la vida y, durante un período prolongado e intensivo, ponerla frente a las grandes verdades de la fe, recurriendo para este propósito a muchos

---

[8] *Ibíd*, Capítulo VII, 69.

medios diferentes: meditar sobre la Sagrada Escritura, apelar fuertemente a la imaginación, rezar en familia, ser austero en lo externo y el sustento, hacer examen de conciencia con regularidad, perseguir virtudes particulares y recibir los sacramentos con frecuencia. Los Ejercicios intentaban conseguir no solo la conversión, sino también una determinación de moldear toda la vida para la gloria de Dios y el bien de los demás. Ignacio tenía mucha confianza en el poder de los Ejercicios para producir grandes cambios y utilizaba cualquier medio a su alcance para persuadir a sus amigos y discípulos a que los practicaran. Una vez hizo una apuesta con un amigo que vacilaba en emprender esta aventura de un mes. Le sugirió que jugaran un partido de billar; el perdedor haría todo lo que el ganador quisiera durante treinta días. Jugaron y ganó Ignacio. El amigo practicó los Ejercicios y cambió su vida por completo.

Los Ejercicios proporcionaban a la época algo que muchos buscaban: una manera de acercarse a la vida espiritual que fuera explosivamente potente y eminentemente práctica al mismo tiempo. Su manera de promover una conexión personal íntima con Cristo resultaba atractiva en una época que ponía más énfasis en la experiencia individual. Los Ejercicios dejaron una huella indeleble en la reforma de la Iglesia del siglo XVI. Muchos años después, Ignacio escribió que ellos eran: "...todo lo mejor que yo en esta vida puedo pensar, sentir y entender, así para el hombre poderse aprovechar a sí mesmo, como para poder fructificar, ayudar y aprovechar a otros muchos".[9]

---

[9] Carta de Iñigo al P. Miona, 16 de noviembre de 1536. (https://sites.google.com/site/amdg1540/docs/15361116).

Se pueden subrayar dos aspectos de los Ejercicios, que dan una idea de la totalidad. Uno era lo que Ignacio llamó "Principio y fundamento". Él centraba la mente con la intensidad de un láser sobre el propósito de la vida humana e insistía en que todo debía verse y juzgarse a la luz de ese propósito. "El hombre es criado para alabar, hacer reverencia y servir a Dios nuestro Señor y, mediante esto, salvar su ánima; y las otras cosas sobre la faz de la tierra son criadas para el hombre, y para que le ayuden en la prosecución del fin para que es criado". Siendo este el caso, uno debe usar las cosas del mundo en tanto ellas ayuden a alcanzar ese fin y a librarse de todo lo que podría interponerse en el camino. Todo deseo y toda elección debe dirigirse a "lo que más nos conduce para el fin que somos criados".[10]

Un segundo aspecto clave de los Ejercicios era una manera de ver la vida imaginativamente expresada mejor en la meditación sobre "Los dos estándares". Ignacio les pedía a sus discípulos que imaginaran, mediante una construcción detallada de una imagen interna, dos ejércitos formados para luchar: uno conducido por Lucifer, el otro conducido por Cristo. A Lucifer lo imaginaban "sentado en un gran trono de fuego y humo, en el centro de la vasta planicie de Babilonia", rodeado de innumerables demonios a quienes dispersaba por el mundo "para atrapar a los hombres y encadenarlos". Era "una imagen horrible y espantosa de observar". Por el contrario, Cristo estaba parado en un lugar modesto de Jerusalén, "hermoso y benévolo". Estaba eligiendo discípulos y los enviaba "por todo el mundo a esparcir su doctrina sagrada entre los hombres de todo estado

---

[10] Ignacio de Loyola, *Escritos esenciales*, ©2007 Editorial Sal Terrae, pág. 51. (https://es.slideshare.net/EduardoSebGut/escritos-esenciales-san-ignacio-de-loyola).

y condición".[11] Tanto Lucifer como Cristo querían a todos los hombres bajo su norma; cada uno los llamaba a que lo siguieran; una gran batalla estaba agitándose entre ellos. La pregunta trascendental que formulaban los Ejercicios era: ¿Cuál norma aceptarás tú? ¿Bajo qué bandera lucharás? No había un punto medio; uno tenía que elegir un lado o el otro.

La imagen del discípulo como soldado valiente que lucha bajo las órdenes de un capitán glorioso pudo haber tenido un atractivo especial para el antiguo soldado que había en Ignacio, pero no fue un invento suyo. Era una imagen con origen en la Sagrada Escritura y una larga tradición en la espiritualidad cristiana. Pero que, bajo la mano de Ignacio, cobró una claridad vívida y motivadora. Más tarde Ignacio escribiría a los jóvenes aspirantes a la Compañía:

> Coloquen delante de sus ojos como modelos para imitar, no al cobarde y al débil, sino al valiente y al apasionado. Sonrójense al verse superados por los niños del mundo, que están más atentos a adquirir las bondades de la época que ustedes a ganar las bondades de la eternidad. Frústrense al verlos correr más velozmente hacia la muerte que ustedes hacia la vida. Piénsense capaces de muy poco: en caso del cortesano, para obtener el favor de un príncipe terrenal, lo sirve con más fidelidad que ustedes cuando sirven al rey celestial; y el soldado, por una sombra de gloria y por la miserable parte del botín que espera de una batalla ganada, pelea contra sus enemigos y lucha con más valor que ustedes para conquistar al mundo, al diablo y a ustedes mismos, y para ganar con esa victoria el reino del cielo y una gloria eterna.[12]

---

[11] Ignatius to Fr. Miona, 16 November 1536, in *St. Ignatius of Loyola: Personal Writings*, trans. Joseph A. Munitiz and Philip Endean, (New York: Penguin, 1996), 310-11. (Traducción propia).

[12] Paul Doncouer, S. J., *The Heart of Ignatius* (Baltimore: Helicon Press, 1959), 66. (Traducción propia).

Durante este largo período de su educación y su creciente apostolado, Ignacio no tenía un plan claro de fundar una nueva comunidad religiosa. Como líder natural, había reunido grupos de jóvenes que se habían convertido al servicio de Cristo a través de los Ejercicios y que naturalmente buscaban en él una dirección. En 1534, en la colina de Montmartre, en París, Ignacio y seis de sus compañeros, a punto de completar sus estudios, hicieron votos juntos de que servirían a Cristo en pobreza y castidad, y de que irían a Jerusalén a intentar una misión religiosa entre los turcos. Si no les resultaba posible llegar a Tierra Santa (había conflictos intermitentes en la parte oriental del Mediterráneo entre los otomanos y diversas potencias europeas), regresarían a Roma y se pondrían al servicio del Papa. Seis de siete, incluido Ignacio, eran laicos. Entre ellos había fuertes lazos de afecto fraternal, pero ninguna organización formal. Y como ocurrió que no pudieron hacer su viaje a Jerusalén, entonces, luego de detenerse un tiempo en Venecia (donde a sus cuarenta y seis años Ignacio se ordenó sacerdote), emprendieron su camino a Roma, adonde llegaron en 1538 y se presentaron ante el papa Pablo III. Fue en este momento que surgió la idea de una nueva orden y, a pesar de otra ola de violentos ataques contra ellos, en 1540 el papa estableció la Compañía de Jesús.

La tercera fase: Ignacio como general

Cuando sus hermanos eligieron a Ignacio general de la nueva orden religiosa, él rechazó el cargo rotundamente. Cuando cuatro días después se llevó a cabo una segunda elección y volvieron a elegirlo, él lo rechazó de nuevo, hasta que su confesor franciscano le dijo que tenía que dejar de resistirse al Espíritu Santo. Sin duda, parte de su resistencia se debía a su humildad, a su sentido de falta de mérito para gobernar a otros hombres. Pero también pudo haber habido un factor más sutil en juego. Desde los tiempos de su conversión, Ignacio no había querido nada más que ser un peregrino en los caminos con Cristo para llamar a los demás a amar y seguir a Dios. Era un misionero por naturaleza, con un deseo ardiente de ganar para el Reino de Cristo a aquellos que más se oponían a él. Eso, para él, quería decir los turcos y todo el mundo musulmán. Ignacio no tenía aptitudes especiales para los detalles de la organización tal como generalmente se entendían; era lo opuesto a un burócrata y los cincuenta años de su vida no fueron una preparación obvia para un puesto administrativo. Es posible que creyera que no serviría para eso. Pero sus hermanos veían la naturaleza de su genio con más claridad que él mismo. Ese genio, el gran don de Ignacio a la Iglesia, era su capacidad, que casi podría llamarse instinto, de hallar las formas institucionales correctas para captar la obra del Espíritu Santo en la nueva era con la que la Iglesia se estaba encontrando.

Este don de encarnar ideales en las formas vivas, tan necesario para una vida humana floreciente, había estado operativo en Ignacio desde los primeros días de su conversión. Muchos se han encontrado en medio de una batalla espiritual, necesitando aprender a escuchar la voz de Dios y a alejarse de la voz del demonio. Ignacio también pasó por esa experiencia, pero entonces dio al asunto un giro decisivo: reunió cuanto había aprendido en un conjunto de reglas para el discernimiento espiritual, que podía dar a los demás. Muchos han luchado para alcanzar la virtud; Ignacio desarrolló un método para la adquisición de virtudes específicas. Muchos se han encontrado con el drama de verse ante las encrucijadas de la vida y de necesitar decidirse firmemente por el Reino; Ignacio condensó sus experiencias de esa decisión y produjo el milagro de los Ejercicios. Al encarnar su experiencia en honrosas formas institucionales, la sabiduría espiritual que se le había confiado pudo tocar la vida de miles de personas.

Para tener una idea de la envergadura de la influencia y del impacto de los jesuitas, puede ser útil mirar su crecimiento inicial. En la época de su fundación, en 1540, la Compañía contaba con diez miembros. Para el año de la muerte de Ignacio, 1556, el número había crecido a mil y solo treinta y cinco de ellos eran miembros profesos debido a su largo proceso de capacitación. Para 1580, cuarenta años después de su fundación, había cinco mil miembros en la Compañía en veintiuna provincias. En 1615, a sus setenta y cinco años, la Compañía contaba con más de trece mil miembros. Un tiempo que había estado lamentando la ignorancia y mundanalidad de los sacerdotes estaba recibiendo su respuesta. En todas partes podían encontrarse sacerdotes jesuitas altamente capacitados y devotos que predicaban y daban retiros, construían iglesias, fundaban colegios y capacitaban a los jóvenes, establecían misiones en todo el mundo, proporcionaban pericia teológica en el Concilio de Trento, se trababan en polémicas con los protestantes, servían como directores de almas, derramaban su sangre por la fe; todo ello al servicio de Cristo, la Iglesia y la Santa Sede. No sería poco razonable inferir que la compañía reunida bajo el estándar jesuita durante los primeros 150 años de la existencia de la orden fue el grupo de hombres más talentosos, disciplinados y extraordinariamente preparados jamás congregados para una causa única en la historia del mundo. Cuando miles de jóvenes capaces, muchos de ellos provenientes de los estratos superiores de la sociedad, responden con tanta celeridad a un ideal encomiable y dificultoso, está claro que una cuerda profunda se ha tocado. Con una combinación de don espiritual y genio natural, Ignacio intuyó las necesidades y aspiraciones de su época y concibió una forma de vida que pudo captarlas y aplicarlas en extensos territorios y por generaciones.

La gran tarea de Ignacio como primer superior y principal inspiración de la nueva Compañía de Jesús fue escribir las Reglas de la Compañía o, según el término que les dieron los jesuitas, sus Constituciones. Ignacio sabía que estaba forjando un instrumento nuevo para un tiempo nuevo; para él fue una labor prolongada y meticulosa. Introdujo muchas innovaciones en su comunidad. No había que llevar un atuendo religioso especial. No había obligación de cantar a coro las oraciones de la mañana ni de la noche. Las austeridades físicas debían mantenerse al mínimo. La Compañía estaría gobernada centralmente por un general superior, en vez de la forma más tradicional de dirección que funcionaba localmente por sectores. No debía haber supervisión de los conventos ni rama femenina de la orden. Y la capacitación de un miembro profeso debía ser prolongada y exhaustiva. En una carta al Papa, en la cual Ignacio pedía que los jesuitas no fueran obligados a determinadas responsabilidades, expresó la idea dominante que había detrás de esta novel organización: "Las demás órdenes religiosas del ejército de la Iglesia son como las tropas que van al frente dispuestas en batallones masivos. Nosotros somos como soldados ligeramente armados, preparados para la batalla repentina, yendo de un sitio a otro, hoy aquí, mañana allí. Y es por eso que no debemos tener cargas y estar libres de toda responsabilidad de este tipo".[13] Sin cargas y libres para la acción inmediata: con su gran capacidad para adaptar los medios al fin apropiado, Ignacio diseñó su compañía con esta libertad apostólica en mente.

Los quince años de Ignacio como general superior fueron una especie de martirio en vida. El hombre que había ansiado ser un misionero itinerante fue obligado a vivir en Roma, atado a un escritorio, escribiendo de manera interminable miles de cartas administrativas mientras dirigía las rápidamente crecientes actividades de los jesuitas en el mundo. Pero la obediencia estaba en el corazón mismo de su espiritualidad y de buen grado sacrificó sus inclinaciones apostólicas personales por el bien de la mayor gloria de Dios. Sus deseos misioneros no se extinguieron, sino que se canalizaron en otras direcciones. Hasta el fin, iluminarán y encenderán a los demás con su ardiente entusiasmo por la salvación de las almas. Cuando Ignacio enviaba a los miembros jóvenes de la Compañía a las misiones, siempre se despedía de ellos diciéndoles: "¡Vayan y enciendan el mundo!"[14]

---

[13] *Ibíd*, 69. (Traducción propia).
[14] *Ibíd*, 118. (Traducción propia).

Capítulo dos

San Francisco Javier

"No hay mejor descanso en este mundo inquieto que enfrentar un inminente peligro de muerte únicamente por el amor y el servicio de Dios nuestro Señor."

El siglo XVI fue un tiempo de cambio en Europa. Había desarrollos conflictivos y contrastes llamativos tales que es difícil de caracterizar con sencillez la época. Por un lado, muchos de los acuerdos sociales de toda la vida de la cristiandad se tambaleaban, llevando a pensar a algunos que el fin del mundo estaba cerca. Por otro lado, emergían acuerdos nuevos y concepciones nuevas de la vida humana, llevando a otros a hablar de la época como un nuevo amanecer, un renacimiento, lleno de posibilidades nuevas y apasionantes. Una vez más, la Europa cristiana estaba bajo una amenaza militar cada vez mayor por parte de un Imperio otomano creciente que estaba devorando territorios y limitando la influencia cultural de Europa, incluso amenazando su existencia. Al mismo tiempo, los portugueses les estaban arrebatando a los musulmanes su monopolio del lucrativo comercio de especias y estaban abriendo toda Asia a los europeos, mientras que los españoles estaban fundando un nuevo imperio en las Américas, que transformaría al océano de ser el límite de Occidente a ser un cuerpo de agua europeo interno. Y, una vez más, la Iglesia Católica, la institución que había sostenido el espíritu de Europa durante mil años, estaba en grave crisis, con una gran necesidad de reforma, bajo un ataque sin precedentes y perdiendo tierras y personas ante los nuevos movimientos protestantes. Sin embargo, mientras esto estaba ocurriendo, surgían a la vida expresiones frescas y vigorosas de fe y espíritu católicos, mientras que nuevos territorios y nuevas personas entraban en el redil católico, transformando la Iglesia en una sociedad internacional que se extendía por el mundo.

De acuerdo con un mito del mundo antiguo, los pilares de Hércules, que marcaban el extremo occidental del mar Mediterráneo en el estrecho de Gibraltar, tenían inscritas las palabras *Ne plus ultra*: "Más allá no hay nada". Esas palabras significaban una advertencia a los marineros de que habían alcanzado los límites del mundo habitable. El nombre "mediterráneo" significaba "en el medio de las cosas", y desde la época romana en adelante, el "lago romano" había marcado un importante límite europeo, geográfica e imaginativamente. Pero, al final del siglo XVI, ese autoentendimiento estaba sufriendo un gran cambio de perspectiva. Con el desarrollo de técnicas de construcción naval y de navegación nuevas que producían barcos que podían enfrentar las olas y los vientos del mar abierto, los ojos de los europeos estaban puestos cada vez más en el horizonte, al este, al oeste y al sur. Cuando Carlos V se convirtió en rey de España en 1516, transformó la antigua advertencia en un nuevo llamado a la acción. Tomó como lema personal—y lo adoptó como lema nacional de España—las palabras *Plus Ultra*: "¡Más allá!". La extraordinaria aventura misionera de Francisco Javier estaba entre los ejemplos más convincentes de esta nueva actitud. Incluso durante su vida, y aún más después de su muerte,

Javier llegó a simbolizar para Europa las posibilidades candentes de la nueva era.

Francisco Javier se convierte a Cristo

De los dos primeros grandes hombres de la orden jesuita a veces se decía que Ignacio era el milagro de Dios y que Javier era el milagro de Ignacio. Conciudadano vasco de un origen social similar, Francisco Javier había estado tres años en la Universidad de París antes de que llegara Ignacio, y empezaron a tratarse casi por accidente. Javier era un joven de personalidad fuerte, emoción apasionada y enérgica, y gran encanto. Además, no tenía objetivos y era indolente, habitualmente no tenía dinero y poseía una ambición sin dirección que lo preparaba para moverse con la corriente de la vida donde sea que lo llevara. Dio la casualidad que se alojaba en el Colegio de Santa Bárbara con un joven francés llamado Pedro Fabro cuando Ignacio llegó a París en 1528 y se alojó al lado, en el Colegio de Montaigu. Fabro estuvo entre los primeros de los muchos estudiantes atraídos por Ignacio y pronto se convirtió en uno de sus más fervientes discípulos. Javier, por el contrario, no quería tener nada que hacer con el extraño y dominante vagabundo que había capturado la imaginación de su amigo. Pero le resultó imposible evitarlo. Cuando Ignacio completó sus estudios de latín y fue admitido en Sainte-Barbe, lo alojaron—para disgusto de Javier—con Fabro y con él.

Ignacio sintió una inmediata simpatía por su compatriota, tal vez percibiendo en qué podría transformarse si alguna vez se convertía a Cristo, y planeó una cuidadosa campaña para ganar a Javier para la causa. Fue un asedio largo y constante, que duró cuatro años, sobre el cuál tenemos poca información. Más tarde, Ignacio dio una noción de qué le había requerido cuando comentó que Javier "era la masa más grumosa que había amasado jamás".[1] El punto crítico ocurrió cuando Fabro se fue por un largo período y Javier tuvo que enfrentarse a Ignacio por sí solo. El maestro pescador recibió una recompensa por su paciente labor: Javier mordió el anzuelo y experimentó una poderosa conversión. El efecto fue explosivo. A partir de ese punto, durante los siguientes diecinueve años de su vida, Javier estaría estrechamente ligado a Ignacio en mente y espíritu, aportando toda su pasión, su fuerza de voluntad, su inmensa capacidad para el trabajo duro y su lealtad caballeresca al propósito y la dirección de su amigo y padre espiritual.

Para Javier, los siete años posteriores a su conversión fue un tiempo de preparación para una misión que todavía no había vislumbrado plenamente, durante el cual estableció las bases de una profunda vida de oración y un patrón de incansable actividad apostólica. En este período, la vida de Javier tuvo la cualidad internamente devota y externamente casual del grupo de hombres que se formaba alrededor de Ignacio. Fue uno de los siete compañeros que hicieron sus votos en Montmartre en 1534. Luego, a finales del año siguiente, cuando Ignacio se fue de visita a España, él y sus compañeros partieron hacia Venecia, viajando a pie, tomando una ruta alternativa para evitar una zona de guerra. De acuerdo con su voto, luego se embarcarían en la misión propuesta con los turcos en Tierra Santa. En Venecia, encontraron a Ignacio, que se les había adelantado, y, mientras esperaban que sus planes maduraran, trabajaron en hospitales que habían

---

[1] James Brodrick, S. J., *Saint Francis Xavier* (New York: The Wicklow Press, 1952). [Traducción propia.]

establecido recientemente Jerónimo Emiliani y Cayetano de Thiene, ambos fundadores de nuevas órdenes religiosas y quienes un día serían canonizados. En esta época Javier se ordenó sacerdote, junto con Ignacio y aquellos compañeros que todavía no se habían ordenado. Como la puerta a la Tierra Santa estaba cerrada por la guerra, el grupo se desperdigó, convergiendo en Roma para presentarse ante el papa.

En el camino a Roma, Javier se detuvo por algunos meses en Boloña junto con Nicolás de Bobadilla, otro de los compañeros. Fue en Boloña que el talento y fervor de Javier por la obra misionera empezó a mostrarse poderosamente. Su enfoque fue directo y llamativo. Iba a una de las concurridas plazas de la ciudad, sacudía el sombrero y atraía la atención de los espectadores y, a pesar de la grave falta de un italiano refinado, los mantenía embelesados por la fuerza de su personalidad y la potencia de su fe. "Después de la Misa—informó alguien que fue testigo de su actividad allí—, pasaba el día entero escuchando confesiones, visitando a los enfermos en los hospitales y a los prisioneros en las cárceles, sirviendo a los pobres, predicando en las plazas y enseñando la doctrina cristiana a los niños u otras personas sin instrucción."[2] Ya en esta etapa temprana, la mente de Javier se movía hacia el este. "Solía hablar frecuente y fervientemente—recordó un sacerdote amigo de Boloña—sobre los asuntos de la India y la conversión a nuestra santa fe de su gran población pagana. Deseaba hacer el viaje y anhelaba fervientemente hacerlo antes de morir."[3]

Javier viajó a Roma en la primavera de 1538, fu el último en llegar del grupo de compañeros. Ahora, por primera vez,

---

[2] *Ibid*, 63. [Traducción propia.]
[3] *Ibid*, 76. [Traducción propia.]

el grupo empezó a considerar la posibilidad de establecerse como orden. Después de largas discusiones hasta entrada la noche durante la primavera y el verano de 1539, escribieron un breve documento que esbozaba la estructura y los objetivos de la sociedad propuesta y se lo presentaron al papa Paulo III. La idea obtuvo la inmediata aprobación del papa, pero, debido a la fuerte oposición de otros miembros de la Curia, pasó un año hasta que se instituyó formalmente la orden nueva. Antes de que esto tuviera lugar, Javier ya se había ido de Roma en una misión. Es una señal de la profundidad y la claridad impactantes del entrenamiento espiritual de Ignacio que Javier, quien nunca más volvería a vivir con Ignacio ni sus hermanos sino que estaría separado de ellos por muchos años y miles de millas, pudiera encarnar y expresar tan bien el espíritu de la nueva orden religiosa.

El carisma particular o ministerio de la nueva Compañía, como se expresaba en aquel primer documento, era tan amplio como para incluir virtualmente todos los tipos de ministerio sacerdotal. Eran una comunidad fundada para "el provecho de las almas en la vida y la doctrina cristianas y la propagación de la fe por medio del ministerio de la palabra, de ejercicios espirituales, de obras de caridad y, expresamente, de la educación en el cristianismo de los niños y los iletrados". Ciertas prácticas usuales tradicionales entre las órdenes religiosas para ayudar a mantener la unidad y la cohesión estaban explícitamente ausentes, especialmente la obligación de rezar juntos el Oficio. Con un ámbito de apostolado tan amplio y con tan poco que los uniera en la vida común, ¿cómo iban a mantener el enfoque? ¿Cuál iba a ser su principio unificador? Ese principio debía hallarse en el famoso "cuarto voto" de los jesuitas, la obediencia al papa. Así es como el documento presenta el ideal:

> Todos los compañeros deben saber y tener diariamente presente, no solo cuando hagan su profesión sino durante toda su vida, que la Compañía entera y cada uno individualmente son soldados de Dios bajo la fiel obediencia de nuestro santísimo señor Paulo III y sus sucesores y, por consiguiente, están sometidos al Vicario de Cristo y a su poder divino, no solo estando obligados ante él, lo que es común para todos los clérigos, sino estando ligados por el voto que debemos llevar a cabo inmediatamente, sin evasiones ni excusas, lo que Su Santidad nos ordene en cuanto se refiere al provecho de las almas y la propagación de la fe, ya sea que nos envíe a los turcos o al Nuevo Mundo, o a los luteranos u otros, sean infieles o fieles.[4]

Todos los aspectos de la vida común iban a estar subordinados a esta disposición para la acción inmediata en cualquier dirección que fuera necesaria bajo las órdenes del papa. Este era el modelo de "infantería ligera", bajo la vista de un comandante general, que Ignacio y sus hermanos colocaron al servicio de la Iglesia.

Los hombres que fundaron la nueva Compañía de Jesús dejaron una fuerte impresión en Roma y en todas partes, y sus servicios se requerían cada vez más. Entre los más insistentes estaban los del rey de Portugal, cuyos asentamientos y colonias en el extranjero tenían una necesidad desesperada de misioneros. A dos de los compañeros los habían comprometido con la misión a la India, ninguno de ellos era Javier. Pero uno de los dos, Bobadilla, se enfermó gravemente, dejando libre a uno solo entre los compañeros. Ignacio le dijo: "Francisco, sabes que, por orden de su Santidad, dos de nosotros tienen que ir a la India, y elegimos a Bobadilla como uno de los dos.

---

[4] St. Ignatius of Loyola et al., "The First Sketch of the Society of Jesus" in *Catholic Reform: From Cardinal Ximenes to the Council of Trent*, 1495–1563, ed. John C. Olin (New York: Fordham University Press, 1990), 83–4. [Traducción propia.]

Él no puede ir debido a su enfermedad ni puede el Embajador esperar a que se mejore. Esta es tu empresa". La respuesta de Javier fue inmediata: "¡Bueno, sí!¡Aquí estoy!".[5] Al día siguiente, partió con el embajador portugués a Lisboa. No iba a regresar nunca.

Los viajes misioneros de Javier

Hacía tiempo que Europa estaba aislada de las tierras y los mercados del sur y el este de Asia, debido al control musulmán de las rutas comerciales terrestres y marítimas. Durante el siglo XV, los portugueses empezaron a explorar cada vez más lejos. Colón había navegado primero hacia el oeste porque quería llegar a "las Indias". En su lugar, encontró un continente enorme que resultó ser su propio teatro de exploración y asentamiento, con el atractivo de la plata y el oro para hacer que la empresa valiera la pena. Hacia el este estaban las antiguas y legendarias tierras de Asia con todo su exotismo, sus grandes poblaciones y su riqueza. Lo que más interesaba a los mercaderes europeos eran la especias tan codiciadas en las cocinas europeas. En 1498, el marinero portugués Vasco da Gama rodeó el cabo sur de África y llego a la India, evitando las rutas comerciales normales. En 1510, Afonso de Albuquerque conquistó la ciudad de Goa, en la costa occidental de la India, y desde allí los portugueses empezaron a extender un imperio mercantil que les dio acceso a los mercados y los materiales de Asia entera. Se establecieron en Malaca, en lo que hoy es Malasia, y luego fueron más al este hasta las Molucas (las famosas islas de las Especias) y hasta Timor Oriental y Nueva Guinea. Iniciaron relaciones con Tailandia y Japón y, finalmente,

[5] Brodrick, *Francis Xavier*, 77–8. [Traducción propia.]

obtuvieron el control de la isla de Macao, frente a la costa de China. Mientras Javier estuvo sirviendo bajo el patronazgo de la corona portuguesa, sus viajes misioneros siguieron el camino que controlaban los portugueses.

Para comprender la gran importancia de Francisco Javier para su tiempo, es necesario capturar algo del entusiasmo que se había despertado en Europa por la apertura del mundo. Javier pasó solo diez años como misionero en Asia, pero esos años brillaron como un cometa sobre los cielos de Europa. En el complejo mundo de la cristiandad occidental, el encanto del oro, la gloria y las almas inmortales para Cristo se fundieron en una aleación que ahora hallamos difícil de comprender. Europa seguía las hazañas misioneras de Javier a través de las cartas que enviaba a sus hermanos jesuitas, algunas de las cuales distribuyeron y publicaron. Aunque difícilmente lo supiera y no le hubiera preocupado, Javier era un hombre famoso en Europa antes de morir. Parecía estar llevando a cabo en un plano espiritual el tipo de conquistas que otros exploradores y conquistadores estaban obteniendo en términos más terrenales.

Para exponerlo brevemente, el itinerario misionero de Javier da alguna idea de sus notables labores. Zarpó de Lisboa en 1541. Rodeando el cabo de Buena Esperanza, llegó a Mozambique, en la costa sudeste de África, donde trabajó entre los locales durante seis meses, mientras esperaba vientos favorables. Llegó a la ciudad portuaria india de Goa en la primavera de 1542. Después de cuatro meses allí, viajó al sur hasta Cochín, en la costa sur de la India, y pasó más de un año como misionero solitario entre la población de pescadores de perlas. Luego regresó a Goa durante algunos meses y volvió a Cochín por otro año. En 1545 se embarcó para Malaca, en

Malasia. Para esta época ya era muy conocido, y las personas lo estaban esperando. A principios de 1546, dejó Malaca y viajó al este hacia las Molucas y la gente de las islas de las Especias. Al año siguiente, regresó a Malaca, donde se quedó por otros seis meses. Luego viajó de regreso a Goa, visitando en el camino a todos los grupos entre los cuales había establecido misiones. Después pasó más de un año en Goa donde, entre otras tareas, atendió la creciente misión jesuita; para 1548 había diecisiete jesuitas en la India. En 1549 retornó al este, llegando a Japón, donde abrió una misión y se quedó por dos años. Luego volvió otra vez a Goa. En 1552 partió de Goa una última vez, esperando poder entrar en China. En diciembre de ese año, Francisco Javier murió en la isla de Shangchuan, esperando un barco que lo llevara a la China continental.

La distancia cubierta en todo este viaje es impactante. Javier viajó decenas de miles de millas en barco, en una época en la que no era raro que la mitad de los pasajeros muriera en cualquier viaje. Caminó muchos cientos de millas, yendo de aldea en aldea entre las personas a las que servía. Enfrentó una constante exposición al calor y las tormentas, y se enfermaba a menudo de enfermedades tropicales sin nombre. Más allá de sus viajes, mantenía un régimen de extraordinaria actividad misionera. Dormía solo dos o tres horas por noche, pasando las horas que quedaban en oración. Comía poco y no prestaba atención a su salud física. Predicaba y enseñaba incesantemente. De acuerdo con las mejores estimaciones, bautizó a alrededor de treinta mil personas. Oyó confesiones por miles, visitó y ungió a los enfermos, dijo misas para los leprosos y presidió entierros. Escribió canciones para niños y iletrados con letras tomadas de las palabras del Credo. Aunque nunca fue un estudiante particularmente brillante, pasó largas y tediosas horas intentando aprender algo de los idiomas de los distintos pueblos entre los que sirvió. Organizó el trabajo de la misión de los demás jesuitas que estaban a su cuidado.

Uno de sus antiguos auxiliares, quien lo había conocido en Portugal y en la misión india, recordaba su extraordinaria energía:

> Ningún ser humano podría haber hecho lo que él hizo o haber vivido como él vivió sin estar lleno del Espíritu Santo. ...Si podía encontrar tiempo durante la noche, como nunca podía durante el día, se entregaba completamente a la oración y la contemplación. Día y noche, consolaba a los hombres, oyendo sus confesiones, visitándolos cuando estaban enfermos, pidiendo limosna para ellos cuando eran pobres. No tenía nada propio y nunca gastó un centavo en él. Todo lo que uno pueda soñar que un hombre haga, él lo hizo, y más.[6]

Con razón a su alrededor surgían historias y leyendas como flores. A los que vieron su infatigable actividad y su entusiasmo imparable no los sorprendió que Javier muriera después de diez aparentemente breves años de misión; se sorprendieron de que durara la mitad de ese tiempo.

Los principios misioneros de Javier

Goa, el primer destino indio de Javier, era una inmensa y desbordante ciudad, varias veces más grande que Roma o Londres. La primera vez que llegó allí, Javier estaba casi agobiado por la conciencia de sus propias deficiencias. Poco después de llegar, escribió a sus hermanos: "En el nombre de Dios y por Su gloria, díganme plena y claramente cuál debería ser mi método de acercamiento a los paganos y a

---

[6] *Ibid*, 252. [Traducción propia.]

los moros del país al que voy ahora. Es mi esperanza que, por medio de ustedes, Dios me enseñe cómo debo proceder para convertirlos a Su santa fe. Sus cartas me mostrarán qué equivocaciones evitar, qué métodos erróneos debo cambiar". También estaba conmovido por la gran necesidad misionera. "Polvo y cenizas como soy, y hecho para sentirme más diminuto y despreciable al testimoniar con mis propios ojos la necesidad de los sacerdotes aquí afuera, sería por siempre el esclavo de todos los que tengan el corazón para venir y trabajar en esta vasta viña del Señor."[7]

Pero Javier nunca fue alguien que se quedara pensando en las dificultades. Su optimismo natural y vigoroso, profundizado y purificado por una intensa confianza en Dios, lo vio pronto erguido y activo. Así es como uno de sus auxiliares misioneros describió su enfoque para llevar el Evangelio a los goanos:

> Iba y venía por las calles y las plazas con una campana en la mano, gritando a los niños y a otras personas para que fueran a las instrucciones. La novedad del procedimiento, nunca antes visto en Goa, atraía una gran multitud a su alrededor, a la que luego él guiaba a la iglesia. Empezaba cantando las lecciones que había rimado y, luego, hacía que los niños las cantaran para que se les grabaran mejor en la memoria. Después explicaba cada punto de la manera más sencilla, usando solo palabras que la joven audiencia pudiera entender fácilmente. Mediante este método, que desde entonces se ha adoptado en toda la India, él inculcaba tan profundamente las verdades y los preceptos de la fe en el corazón de las personas, que los hombres y las mujeres, los niños y los ancianos, se aficionaron a cantar los Diez Mandamientos mientras recorrían las calles, así

---

[7] *Ibid*, 128–9. [Traducción propia.]

como hacía el pescador en su bote y los campesinos en los campos, para entretenerse y recrearse.[8]

Antes que ser un profundo pensador analítico, Francisco tenía un gran corazón; pero su capacidad intuitiva para llegar a las personas lo ayudó a ser el primero en usar métodos de evangelización que pusieron el énfasis en hallar puntos de contacto entre el Evangelio y la cultura local. Desarrollaba, entonces, esta empresa misionera alrededor de esas áreas de comprensión, un enfoque que, desde entonces, se ha llamado aculturación misionera. El sentido instintivo de Javier del principio de aculturación se puede ver en sus relaciones con los japoneses. En la India, y luego en Malasia e Indonesia, Javier trabajó principalmente entre las clases más pobres y menos educadas, adaptando su método a sus capacidades. Al ir a Japón, Javier reconoció que estaba tratando con una población altamente sofisticada y bien educada. Abandonó su método primitivo, prestando mayor atención a las formas de la vida japonesa: modos de cortesía, cuidado en el vestido y delicadeza de comunicación. Supo que agitar el sombrero y hacer sonar una campana en la plaza del pueblo no era una manera de hacer que los japoneses escucharan el Evangelio. El punto puede parecernos obvio, pero era revolucionario en su tiempo. Algunos años más tarde, los principios misioneros que Javier usó por primera vez serían desarrollados de manera más sistemática por sus sucesores de la misión jesuita a Asia, Alejandro Valignano y Mateo Ricci.

El principio más poderoso en acción en la actividad misionera de Javier, si se lo puede llamar principio, era su amor evidente por aquellos a los que evangelizaba. Se

---

[8] *Ibid*, 120. [Traducción propia.]

ocupaba genuinamente de las personas entre las cuales trabajaba, y su cálida preocupación por ellas derribaba todas las barreras del lenguaje y la cultura. En esto Javier transcendió su era. De acuerdo con las inclinaciones de su nacimiento y su origen, Javier debería haber tenido todas las razones para menospreciar a estas personas. No tenían educación, eran pobres y, lo peor de todo, eran paganas. Muchos europeos de su tiempo las habrían visto como un poco más que animales. Pero Javier no. Le escribió a uno de sus compañeros misioneros: "Te ruego que te comportes muy amorosamente con esas personas. Aprende a perdonar y apoyar sus debilidades muy pacientemente, considerando que si no son buenas ahora, lo serán algún día."[9] Luchó contra la típica actitud de desdén entre los portugueses por las poblaciones nativas entre las cuales vivían. Para los jóvenes jesuitas que empezaban a ir a la misión, escribió: "Tengan cuidado de nunca criticar a los cristianos nativos en presencia de los portugueses. Por el contrario, deben ponerse de parte de ellos y hablar en su defensa, porque llevan tan poco tiempo como cristianos y tienen tan poca comprensión de la fe que los portugueses deberían sorprenderse al ver que son buenos. Intenten con todo su fuerza, padres, de ganarse el amor de las personas, haciendo lo que hagan por ellas con palabras de amor".[10] Sentía una predilección especial por los japoneses: "Son la mejor raza descubierta hasta ahora— escribió—y creo que, entre los no cristianos, difícilmente se encuentre una igual".[11]

Fue la fuerza de su corazón lleno de amor, reflejo del corazón de Cristo, lo que hizo a Javier tan entusiasta para

---

[9] *Ibid*, 167. [Traducción propia.]
[10] *Ibid*, 312. [Traducción propia.]
[11] *Ibid*, 361. [Traducción propia.]

ganar adeptos para la misión. Dos años después de su llegada a la India, escribió una carta a sus hermanos jesuitas que circuló ampliamente y creó una tormenta en Europa, inspirando a muchos hombres jóvenes a unirse a la obra misionera.

> Aquí hay multitudes que no se vuelven cristianas solo porque no hay nadie preparado para la santa tarea de instruirlas. A menudo me he sentido fuertemente conmovido para acercarme a las universidades de Europa, especialmente a París y su Sorbona, y gritar en voz alta como un loco a aquellos que tienen más aprendizaje que buena voluntad para emplearlo provechosamente, ¡diciéndoles cuántas almas le faltan al Cielo y caen al Infierno por su negligencia! Temo que muchos universitarios siguen sus estudios y se adaptan a las regulaciones simplemente para alcanzar dignidades, beneficios, obispados; que cuando los logren, dicen, habrá tiempo suficiente para servir a Dios. [...] ¡Cuántas multitudes de gentiles se volverían cristianas si solo hubiera sacerdotes para ayudarlas! [...] Aquí, las personas se acercan a la Iglesia en tal número que mis brazos están a menudo casi paralizados con los bautismos y mi voz se agota por completo al repetir interminablemente en su lengua el Credo, los mandamientos y las oraciones.[12]

El amor de Javier por aquellos a los que evangelizaba provocaba una severa reprobación de su parte para con los portugueses que los maltrataban y daban un pobre ejemplo de fe cristiana. Constantemente amonestaba a los funcionarios del gobierno que desviaban la mirada de prácticas ilegales e injustas en aras de una ganancia personal. A los seis años de su misión, escribió una carta al rey Juan de Portugal, quien estaba interesado en la difusión de la fe y había buscado a los jesuitas para la misión india. Javier estaba enojado por las expoliaciones de los gobernadores designados:

---

[12] *Ibid*, 157–8. [Traducción propia.]

> Si él [el gobernador en cuestión] pasa por alto llevar a cabo las intenciones de su Alteza de promover grandemente el crecimiento de nuestra santa fe, asegúrele que usted está determinado a castigarlo y dígale con un juramento solemne que, cuando él regrese a Portugal, usted declarará perdidas todas sus propiedades y que, además, lo encadenará varios años [...]Si el Gobernador comprende que usted ciertamente piensa lo que dice, toda la isla de Ceilán será cristiana en un año, y también lo serán muchos reyes, como los de Malabar, los del cabo Comorín y muchos otros lugares.[13]

Pero si no, "su Alteza no necesita contar con ningún aumento de nuestra fe ni la perseverancia de aquellos que hoy son cristianos, no importa cuántos nombramientos ni disposiciones haga".[14] Era una carta atrevida para enviar a un rey.

El amor de Javier por las personas estaba más que correspondido en el amor que sentían por él. Su personalidad atrayente y su servicio incansable les ganaba el corazón y las atraía a él. Cada vez que iba a dejar una de las misiones, las personas se reunían a su alrededor y le rogaban que se quedara. Javier escribió sobre una de tales experiencias: "Cuando llegó el momento de partir, me embarqué cerca de la medianoche para así evitar el llanto y los lamentos de mis devotos amigos, hombres y mujeres. Pero mis amigos me encontraron y no pude esconderme de ellos. La noche y la despedida de estos mis hijos e hijas me ayudaron a sentir mi falta de merecimiento."[15] Un japonés que había pedido primero a Javier la posibilidad de ir a su pueblo dijo de él: "Daría cien veces mi vida por el amor que le tengo."[16]

---

[13] *Ibid*, 306-7. [Traducción propia.]
[14] *Ibid*. [Traducción propia.]
[15] *Ibid*, 283. [Traducción propia.]
[16] *Ibid*, 312. [Traducción propia.]

El último viaje de Javier

Javier había estado en la misión india durante diez años y lejos de Roma durante doce, cuando Ignacio, su amigo y superior, pensó que había llegado el momento de que regresara a Europa. No había duda de que Ignacio se llenaría de alegría al volverlo a ver, pero más importante era su convicción de que Javier podría hacer más que cualquiera al hablar a las autoridades europeas sobre las necesidades y las posibilidades de las misiones en el extranjero. Por consiguiente, le envió la directiva: "Buscando siempre el servicio más grande de Dios y la ayuda a las almas de esas partes, y considerando cuánto depende de Portugal su bienestar, he determinado ordenarte, en virtud de la santa obediencia, que aproveches la primera oportunidad de un buen pasaje a Portugal, en el nombre de Cristo nuestro Señor".[17] Pero, cuando la carta llegó a Goa, hacía siete meses que Francisco había muerto.

Durante su tiempo en Japón, Javier había oído sobre China. No sabía nada de su idioma y poco de sus costumbres; pero sabía que era un país grande y civilizado, regido por la ley y muy respetado por los japoneses. Con tan poco conocimiento, pero con un gran deseo de expandir el Evangelio, se dispuso a conquistar el Reino Medio para Cristo. "Tengo gran esperanza —le escribió a Ignacio— de que, por medio de las labores de la Compañía de Jesús, tanto los chinos como los japoneses abandonarán sus idolatrías y adorarán a Dios y a Jesucristo".[18] Llevó a cuatro hombres con él. Las perspectivas de llegar a China no eran grandes, pero Javier no se atemorizaba con facilidad. Hicieron el largo viaje desde Goa hasta la isla de Shangchuan, no lejos de Cantón. Allí esperaron,

---

[17] *Ibid*, 464. [Traducción propia.]
[18] *Ibid*, 492. [Traducción propia.]

mientras Javier vigilaba día tras día el mar esperando la embarcación mercante que los llevaría hasta el continente. El barco prometido nunca llegó, y Javier se enfermó. Después de algunas semanas de enfermedad, el aparentemente imparable dínamo de energía misionera tuvo una muerte tranquila, diciendo el nombre de Jesús y de María.

Podría haber algo parecido a las hazañas sin esperanzas del Quijote de Cervantes en los intentos de Javier de dominar el Imperio chino de tal manera. Pero su insólita iniciativa para con esa gran civilización se puede leer mejor en el terreno del Espíritu que en sus inmediatas posibilidades prácticas. El jesuita que finalmente fundó una misión china, Mateo Ricci, registró el logro de Javier: "Todas las estratagemas del Bienaventurado Padre para entrar en China dieron en tierra, pero podemos creer que si él no pudo obtener de Dios el privilegio para sí mismo, lo obtuvo en el Cielo para nosotros, sus compañeros, que, contra toda esperanza humana, tuvimos éxito cuando él llevaba treinta años muerto".[19]

Los restos de Javier volvieron lentamente a Goa. Cuando su cuerpo llegó finalmente a la ciudad, hubo una manifestación espontánea de emoción. Las campanas tañeron, se reunieron miles de personas y toda la ciudad se conmocionó hasta los cimientos. Durante cuatro días, las multitudes llenaban la iglesia donde yacía el gran misionero, esperando la oportunidad de tocar o besar el cuerpo, el cual, aunque llevaba un año de muerto, estaba incorrupto y fresco. Un año y medio después, se exhumó el cuerpo y un médico atestiguó que no estaba embalsamado y que seguía preservado. Un siglo y medio después, se volvió a abrir el ataúd y se encontró el cuerpo en un notable estado de preservación. Como

---

[19] *Ibid*, 520. [Traducción propia.]

su cuerpo, el recuerdo de Javier ha permanecido fresco. Y, aunque nunca pudo regresar a Roma, la mano y el antebrazo derecho, con el cual realizó tantos bautismos, se llevó de regreso a la iglesia del Gesù, donde yace cerca de los restos de Loyola. Hay una pertinencia en esta unión final de los dos amigos. Ignacio había amasado mucho de su propio espíritu misionero en esa masa grumosa de Francisco Javier que en cualquier otra, y Javier había llevado ese espíritu consigo, unido a su voluntad indomable y a su profunda fe, incluso hasta el fin del mundo.

Capítulo tres

Santa Teresa de Ávila

"Solo Dios basta."

Dondequiera que el Reino de Dios se predique y se viva, habrá entre los fieles algunos llamados a una vida de contemplación consagrada. Las figuras bíblicas de Elías y Juan el Bautista en el desierto, de Simeón y Ana rezando en el Templo de Jerusalén y de María, la hermana de Marta y Lázaro, sentada a los pies de Cristo han resonado a lo largo de los siglos como ejemplos de una expresión esencial del discipulado cristiano. "Nosotros, pues, no nos fijamos en lo que se ve", escribió san Pablo, "sino en lo que no se ve; porque las cosas visibles duran un momento, pero las invisibles son para siempre" (2 Co 4, 18). De acuerdo con la visión de la realidad que dio Cristo, la totalidad del mundo que se ve es una especie de vestido exterior que reposa sobre las realidades invisibles, y el verdadero propósito de la vida es utilizar las cosas que se ven para aproximarse al mundo invisible, el más importante y duradero. Siendo esto así, tiene sentido que Jesús defendiera a María de las quejas de su hermana Marta e insistiera en que, al quedarse mirándolo, María había elegido "la mejor parte", lo que es necesario (cf. Lc 10, 41).

En los largos siglos del cristianismo, desde la explosión del movimiento monástico en el Egipto del siglo IV hasta la cristalización del espíritu contemplativo en las comunidades religiosas de muchos lugares y muchas épocas, los hombres y las mujeres contemplativos han jugado un papel de importancia en la vida de la Iglesia fuera de toda proporción a sus números. Han sido una especie de corazón espiritual, un órgano vital del Cuerpo de Cristo, que ha mantenido a todo el pueblo cristiano en adecuada relación con las realidades eternas. A través de su oración intercesora, su lucha contra fuerzas demoníacas, su constante canto de alabanza elevado al Cielo, su visión del mundo invisible que mantienen clara y presente, y el encarnar en su tiempo la esperanza cristiana de la eternidad, la vida a menudo oculta de los contemplativos ha conseguido para la Iglesia gran parte de su potencia espiritual. Así como van los contemplativos, así va la Iglesia como un todo. Por lo tanto, no es extraño hallar que muchos de los conflictos espirituales giran en torno a estas congregaciones.

El ataque a la vida contemplativa proviene de dos direcciones principales. La primera de ellas es un asalto frontal a la idea misma de una vida entregada por completo a la oración y la soledad. Dado que la vida contemplativa pierde sentido ante cualquier cosa que se aleje de la existencia de un mundo invisible, es un desafío permanente para la mundanidad. Para la persona carente de fe, apenas puede parecer otra cosa más que un desequilibrio mental pasar todo el tiempo de uno en lo que se consideran solamente fantasmas. A los contemplativos se los ha llamado antisociales, que llevan a quienes podrían ser miembros útiles para la sociedad a la ociosidad y el ensimismamiento, que rompen familias y que condenan a hombres y mujeres sanos a una existencia infructuosa. Cuanto menos, se los ha tomado por tontos que malgastan su tiempo en asuntos sin importancia mientras el gran mundo les pasa de largo. No por nada fue que los ejércitos revolucionarios franceses destruyeran todos los monasterios a su paso o que Napoleón obligara a que se disolviera cualquier orden religiosa que no pudiera demostrar su inmediata utilidad social. Para aquellos que enérgicamente se dedicaban a una visión del mundo que comenzaba y terminaba con lo que se ve, era necesario destruir la influencia cultural y espiritual de esos monumentos al mundo invisible. Pero aun para los creyentes, "la mejor parte" que eligió María puede presentar un problema. Los otros cristianos han acusado a los contemplativos de cobardía por intentar escaparse de las duras realidades del mundo y les han reprochado la holgazanería de eludir las responsabilidades cristianas de evangelizar y servir a los necesitados. La defensa de Jesús a María ha sido un correctivo necesario en todas las épocas.

Un segundo ataque a la vida contemplativa es más sutil y surge de un proceso más feliz y más natural, pero no menos debilitante. Un antiguo dicho expresa que los contemplativos abandonan el mundo y entonces el mundo trata de buscar a los contemplativos. Una y otra vez, el patrón se sigue repitiendo: un individuo o un grupo de hombres o de mujeres se han apartado de la sociedad normal y han buscado la soledad y la pobreza para seguir la vocación contemplativa. Como Antonio, han penetrado en un desierto inhóspito o, como Benito, han buscado la soledad en las cuevas de las montañas. Se han internado en bosques oscuros e indómitos como Bruno y Bernardo, o más curiosamente, se han establecido en plataformas elevadas en medio de la ciudad como Simeón el Estilita.

Pero dondequiera que hayan ido y por mucho que hayan tratado de huir del mundo, el mundo los ha seguido. Para su gran sorpresa, los contemplativos han resultado comúnmente miembros importantes de su sociedad, rodeados de los paramentos de la utilidad e inclusive del poder y la riqueza. San Benito ha sido llamado el padre de la civilización europea y no sin buenas razones; aunque fundar y salvar una civilización no se encontrara entre sus pretendidos logros. Todo parece haber sucedido bastante inocentemente, hasta por una especie de accidente: la fortaleza innata de una vida centrada en el culto a Dios y el dominio de uno mismo se desborda en toda forma de beneficios sociales.

Pero esta integración de los contemplativos en la vida social normal trae consigo una mundanalidad insidiosa. El gran peligro de una casa de contemplación no es que vaya a convertirse en un antro de iniquidad; a pesar de la niebla de la Leyenda Negra, pocos monasterios o conventos de la historia han sido lugares de maldad ostensible. Cuando la vida contemplativa se corrompe, normalmente los monjes y las monjas no se vuelven criminales. Su problema, uno que con frecuencia es el más difícil de resolver, es que se sienten cada vez más cómodos. En vez de mantener su verdadera naturaleza, que es ser una avanzada de oración alerta, fortalezas de primera línea contra el poder de la oscuridad, baluartes de la soledad que preservan la naturaleza fundamentalmente mística de la Iglesia mediante su culto y su testimonio, recurren a hospedajes agradables para los que tienen un espíritu inclinado a disfrutar una vida de relativa comodidad. En 1662, en la ciudad de Ávila, España, un puñado de monjas de la orden de las carmelitas crearon una nueva fundación bajo la protección de san José. Su priora fue Teresa Sánchez de Cepeda y Ahumada, de cuarenta y siete años de edad. La fundación resultaría ser un suceso significativo en la reforma de la vida contemplativa de la Iglesia y, por ende, de gran importancia para la vida de la Iglesia como un todo. Y en el carácter y los escritos de Teresa de Ávila, la Iglesia obtuvo una personalidad destacada y una fuente de vitalidad espiritual que ha llegado mucho más allá del mundo carmelita.

Teresa es una figura extremadamente atractiva. Ha sido una de las santas preferidas de España. Acerca de su popularidad, dice algo el hecho de que haya sido propuesta como patrona de su país, lo que habría significado desplazar al gran apóstol Santiago. Su autobiografía ha sido el libro más leído en España después del *Don Quijote* de Cervantes. Sus obras sobre la oración son clásicos espirituales y, cuando en 1970 el papa Pablo VI la declaró Doctora de la Iglesia, se convirtió en la primera mujer en haber recibido ese honor. No obstante, si bien para los modernos ha sido atractiva, también ha sido difícil de entender. Una era que ha perdido la afinidad con sus antepasados y que poco comprende la fe tradicional puede encontrar en Teresa un manojo de contradicciones. Ella es una personalidad tan incontenible, tan llena de cordialidad y honestidad, y tan obviamente fuerte y valiente que queremos que sea una de nosotros. ¿Pero cómo pudo una mujer tan talentosa haber deseado encerrarse en un convento? ¿Cómo pudo una persona tan determinada haber vivido de tan buen grado bajo la autoridad de la Iglesia y de la corona en una época en la que la Inquisición española estaba en su apogeo? Así encontramos la manera de equilibrar la aparente paradoja. Teresa fue una protofeminista irreverente. Era una operadora políticamente inteligente que sabía cómo fingir obediencia para abrirse camino en un mundo autoritario; y quizás con mayor persistencia y a pesar de su fe católica y su profesión como monja carmelita, fue capaz de ser "su propia persona". Pero la gloria de santa

Teresa es precisamente que ella invirtió todas las energías de su mente y su voluntad para asegurarse de no ser su propia persona. Con toda la considerable fuerza de su ser, quería pertenecer a otro. Es un ejemplo brillante de la verdad que enseñó Cristo de que la libertad perfecta se halla en la obediencia perfecta, de que crecemos más cuando nos hacemos más pequeños y de que más nos encontramos en todas las particularidades de nuestra personalidad exactamente cuando más nos perdemos en Dios.

Primeros años de la vida y conversión de Teresa

Teresa nació en 1515 en la región de Ávila, en España, y fue la sexta de doce hijos. Su padre era un comerciante acaudalado que había comprado un título de caballero. Su madre provenía de una familia de la alta nobleza española. Su abuelo paterno era judío y había sido rebajado a *converso*, alguien convertido al catolicismo pero a quien la Inquisición había hallado manteniendo algunos aspectos de la práctica o la creencia judía. Pero esta mácula en el noble linaje de la familia había sido callada y olvidada. El hogar en el que se crió Teresa era cómodo y devoto. Desde pequeña había quedado claro que tenía fuertes dones de personalidad. Era extrovertida y atractiva, y sabía cómo agradar a quienes la rodeaban. Era una líder natural entre sus amigos y sus hermanos.

El primer impacto serio en la vida de Teresa llegó a sus catorce años, cuando su madre, a quien ella era muy apegada, murió. Dos años después, la enviaron a la escuela de un convento, pero no pasó mucho tiempo hasta que la frágil salud que la seguiría toda la vida la obligara a regresar a su casa. A los veinte años, se escapó y, sin decirle a su padre, ingresó en el Convento Carmelita de la Encarnación, un monasterio sólidamente establecido en Ávila donde residían unas 150 monjas. Su decisión de entrar en la vida religiosa era sincera, pero no particularmente apasionada. Parecía algo así como un matrimonio por conveniencia. Teresa no dudaba de las verdades de la fe católica y, como quería conseguir la salvación, pensaba que entrar en un convento era la manera más segura de alcanzar ese fin. En esto se parecía a muchas de sus contemporáneas en las comunidades religiosas.

Teresa comienza su autobiografía con el siguiente mandato al lector:

> Y por esto pido, por amor del Señor, tenga delante de los ojos quien este discurso de mi vida leyere, que ha sido tan ruin que no he hallado santo de los que se tornaron a Dios con quien me consolar. Porque considero que, después que el Señor los llamaba, no le tornaban a ofender. Yo no sólo tornaba a ser peor, sino que parece traía estudio a resistir las mercedes que Su Majestad me hacía.[1]

Estas fuertes palabras, repetidas de diferentes maneras a lo largo de su relato, podrían parecer que señalan un pasado que había estado repleto de la peor clase de injusticias. Pero en la vida de Teresa nunca hubo un momento, desde su infancia en adelante, en el que no fuera una cristiana creyente, que rezara sus oraciones, evitando los pecados graves y viviendo bajo la sombra de las enseñanzas de la Iglesia. No fue una Magdalena, un Agustín ni un Ignacio: alguien llegado a la fe después de haber deambulado lejos de Dios. Aun cuando escribe de esta manera, no está fingiendo una pose ni recitando de memoria frases devotas; la evidente honestidad de su autoevaluación

---

[1] Santa Teresa de Jesús, *El libro de la vida*, Prólogo. (http://www.santateresadejesus.com/wp-content/uploads/Libro-de-la-Vida.pdf).

descarta esa posibilidad. ¿Qué pudo haber querido decir acusándose de semejante maldad?

Algunos han visto en esta condena que Teresa hace de sí misma la expresión de un espíritu herido al que han aplastado las excesivamente estrictas exigencias de un padre que imponía una férrea disciplina y ha sido oprimida luego por su experiencia de mujer y de persona con sangre judía en la España del siglo XVI. Para ponerlo en términos terapéuticos modernos, ella se denigraba porque era alguien con baja autoestima que se veía a sí misma desde un punto de vista erróneamente negativo. La dificultad con esta lectura es que no hay virtualmente nada en el modo en que Teresa llevaba su vida que indicara esta clase de herida. Ella tenía toda la confianza y la seguridad en sí misma que su noble educación española le había provisto, una actitud de carácter firme y audaz que con frecuencia se describía como masculino, junto con una percepción práctica de los demás que le permitía ver el mundo bajo una lente irónicamente divertida. Contaba con una medida generosa de coraje y resiliencia en todas sus relaciones con el mundo. Su sentido de su propia maldad no era de ninguna manera observable un síntoma psicológico. Su origen estaba en otra parte.

Teresa no es la única con este santo hábito de condenarse a sí misma. También está especialmente presente en Francisco de Asís y en Felipe Neri, dos de las personalidades más alegres conocidas en la historia. Paradójicamente, su alegría en la vida y su consternación ante su propia oscuridad tienen el mismo origen: una profunda inserción en el ser de Dios. Quienes están más cerca de Dios ven más claramente su amor y su misericordia; también ven más claramente que los demás el horror de una voluntad que se aparta de él.

Así ocurría con Teresa: los pecados que veía en sí misma no eran cosas de tabloide. Pero, donde una gran luz se da y un gran amor está presente, hasta una ofensa aparentemente pequeña se vuelve un asunto grave.

En cualquier caso, mientras ordena su vida interior, Teresa nota que a poco de haber entrado en el convento, durante un extenso período de grave enfermedad, se le había otorgado la gracia de la oración y la unión con Dios, pero en ese momento dio la espalda a esa gracia y por muchos años evitó rezar. Durante esta época, vivió en apariencia como una carmelita modelo de acuerdo con las costumbres del momento—era fiel a las oraciones comunitarias y llevaba una vida ordenada—, pero no practicaba regularmente la oración meditativa, o mental. En consecuencia, empezó a perderle el gusto a la vida de virtud. "[Y] yo que de vana", escribe, "me sabía estimar en las cosas que en el mundo se suelen tener por estima".[2] Dado que hacía muchas cosas que daban la apariencia de virtud, se le otorgó una amplia libertad para recibir visitas y para salir del monasterio a visitar a otras personas. "Porque aunque algunas veces se traslucían mis vanidades, como veían [las hermanas] otras cosas que les parecían buenas, no lo creían".[3] Ella describió el tenor general de su vida como respetable en lo externo, pero miserable internamente:

> [P]asé este mar tempestuoso casi veinte años, con estas caídas y con levantarme y mal -pues tornaba a caer-y en vida tan baja de perfección, que ningún caso casi hacía de pecados veniales, y los mortales, aunque los temía, no como había de ser, pues no me

[2] *Ibíd*, Capítulo 7, 2.
[3] *Ibíd*, Capítulo 7, 18.

apartaba de los peligros. [...]; porque ni yo gozaba de Dios ni traía contento en el mundo.[4]

Dijo de su experiencia que "es una de las vidas penosas que me parece se puede imaginar".[5] Un convento puede ser un refugio de las distracciones y las batallas externas, pero esa protección de lo de afuera solo destaca las batallas internas del alma con mayor claridad. Esas luchas interiores, cuando se las enfrenta con honestidad, pueden ser lo más difícil de manejar. Y Teresa no era otra cosa más que honesta.

No obstante, durante este período de desdicha, Dios estaba preparando algo extraordinario para ella. En un determinado momento, su deseo por la oración meditativa empezó a crecer otra vez y experimentó una nueva gracia y facilidad al practicarla. El cambio radical llegó al ver de casualidad una estatua de Cristo agonizante, que habían traído al convento para la celebración de un festival. Tocada por la gracia de Dios, vio los sufrimientos de Cristo desde otro punto de vista y la carcomió el remordimiento por la debilidad de su respuesta. Se sintió traspasada, y quedó paralizada ante la estatua llorando hasta que estuvo segura de que sus oraciones por una vida más profunda en Cristo habían sido respondidas. Recibió la gracia de hacer el último ofrecimiento de sí misma sin recibir nada a cambio, para convertirse, como más tarde diría, en una sierva del amor. Con frecuencia decía que esta experiencia había sido su segunda, y más profunda, conversión. El cambio se nota radicalmente en su autobiografía:

---

[4] *Ibíd*, Capítulo 8, 2.
[5] *Ibíd*, Capítulo 8, 2.

Es otro libro nuevo de aquí adelante, digo otra vida nueva. La de hasta aquí era mía; la que he vivido desde que comencé a declarar estas cosas de oración, es que vivía Dios en mí, a lo que me parecía.[6]

La "segunda conversión" de Teresa tuvo lugar a sus cuarenta años, en 1555. En el proceso, la ayudaron mucho el fraile franciscano Pedro de Alcántara y los jesuitas, que recientemente se habían establecido en España, particularmente Francisco de Borja, quien por un tiempo fue su confesor. Durante los cinco años siguientes, Teresa experimentó una revolución espiritual. Perdió el interés en las visitas sociales que antes le resultaban tan atractivas y se sumergió más hondamente en la oración. Recibió muchas gracias de contemplación en forma de visiones y locuciones, y a menudo se sumergía en una oración silenciosa de unión con Dios. Fue durante esta época que tuvo la experiencia, famosamente captada por la escultura de Bernini que se encuentra en la Iglesia de Santa María de la Victoria, en Roma, de haber sido dolorosamente atravesada por el amor de Dios. Teresa escribe:

> [V]eía un ángel cabe mí hacia el lado izquierdo, en forma corporal, [...] no era grande, sino pequeño, hermoso mucho, [...] Veíale en las manos un dardo de oro largo, y al fin del hierro me parecía tener un poco de fuego. Este me parecía meter por el corazón algunas veces y que me llegaba a las entrañas. Al sacarle, me parecía las llevaba consigo, y me dejaba toda abrasada en amor grande de Dios. Era tan grande el dolor, que me hacía dar aquellos quejidos, y tan excesiva la suavidad que me pone este grandísimo dolor, que no hay desear que se quite, ni se contenta el alma con menos que Dios. No es dolor corporal sino espiritual, [...] Es un requiebro tan suave que pasa entre el alma y Dios.[7]

---

[6] *Ibíd*, Capítulo 23, 1.
[7] *Ibíd*, Capítulo 29, 13.

Durante este período de cinco años, Teresa fue educada en las maneras de la oración contemplativa que conformarían el contenido de sus libros y sus enseñanzas espirituales.

Su inmersión en la vida de Dios la enfrentó con una paradoja cristiana que ha impregnado la vida de muchos santos. Jesús dijo a sus discípulos: "Amarás al Señor tu Dios con todo tu corazón, con toda tu alma, con toda tu inteligencia y con todas tus fuerzas" (Mc 12, 30). Dijo además: "Yo les voy a mostrar a quien deben temer: Teman a Aquel que, después de quitarle a uno la vida, tiene poder para echarlo al infierno. Créanme que es a ése a quien deben temer" (Lc 12, 5). Para muchos, amor y temor son propensiones mutuamente exclusivas. Creemos que no podemos amar a lo que tememos y no podemos temer a lo que amamos. En Teresa, su conversión más profunda significó la integración de su respuesta a la presencia de Dios a un nivel superior. Experimentó que tanto su amor como su temor a Dios crecían rápidamente el uno con el otro.

En cuanto al amor a Dios: El caluroso corazón de Teresa desbordaba permanentemente con expresiones de su deleite por el amor y la misericordia de su Bienamado.

> ¡Oh bondad infinita de mi Dios, que me parece os veo y me veo de esta suerte! ¡Oh regalo de los ángeles, que toda me querría, cuando esto veo, deshacer en amaros! ¡Cuán cierto es sufrir Vos a quien os sufre que estéis con él! ¡Oh, qué buen amigo hacéis, Señor mío! ¡Cómo le vais regalando y sufriendo, y esperáis a que se haga a vuestra condición y tan de mientras le sufrís Vos la suya! ¡Tomáis en cuenta, mi Señor, los ratos que os quiere, y con un punto de arrepentimiento olvidáis lo que os ha ofendido![8]

---

[8] *Ibíd*, Capítulo 8, 6.

La totalidad de la vida de Teresa fue un extenso acto de amor ofrecido a Dios, quien significaba todo para ella.

En cuanto al temor a Dios: Teresa anotó una visión que había recibido en la cual se le mostraba el lugar que el diablo había preparado para ella en el Infierno. Esta visión le resultó muy perturbadora: "Yo quedé tan espantada, y aún lo estoy ahora escribiéndolo, con que ha casi seis años, y es así que me parece el calor natural me falta de temor aquí adonde estoy". Sin embargo, ella entendía que esta horrible experiencia era consecuencia de su amor y para profundizar su amor. "Y así torno a decir que fue una de las mayores mercedes que el Señor me ha hecho, porque me ha aprovechado muy mucho, así para perder el miedo a las tribulaciones y contradicciones de esta vida, como para esforzarme a padecerlas y dar gracias al Señor que me libró, a lo que ahora me parece, de males tan perpetuos y terribles".[9]

Fundaciones misioneras de Teresa

Los orígenes de la orden de las carmelitas se pierden en una confusión de historia incierta y leyenda dorada. Las primeras tradiciones dentro de la orden sostenían que la había iniciado el profeta Elías. A decir de todos, la Bienaventurada Madre intervino de manera decisiva en la inspiración de su fundación; el nombre oficial de la orden masculina es "Orden de la Bienaventurada Virgen María del Monte Carmelo". El sitio del monte Carmelo, en Israel, parece haber sido tradicionalmente un lugar preferido de los ermitaños. En 1185, se encontró que vivía allí un grupo de monjes y el patriarca latino del cruzado reino de Jerusalén les dio una regla. Este acontecimiento marca el comienzo oficial de las

[9] *Ibíd*, Capítulo 32, 4.

carmelitas como orden católica. El creciente peligro de los sarracenos y la tensión existente entre las Iglesias de oriente y occidente motivaron que la orden se reubicara en Europa alrededor de 1242. En 1245, con el apoyo del papa Inocencio IV, adoptaron una regla más apropiada para las condiciones europeas. Ya no clasificados como monjes, tomaron su lugar junto a las tres órdenes mendicantes existentes (franciscanos, dominicos y agustinos), lo que quería decir, entre otras provisiones, que no se les exigía trabajar, sino que podían vivir de la caridad. Como las otras órdenes mendicantes, los carmelitas crecieron rápidamente y se diseminaron por toda Europa. Luego, en 1432, en lo que llegó a ser una cuestión controvertida, el papa Eugenio IV le permitió a la orden una regla diferente, que flexibilizaba mucho la austeridad de sus inicios. Este nuevo conjunto de constituciones dio en llamarse la regla mitigada. El Convento de la Encarnación, en Ávila, al que Teresa ingresó, se conducía bajo la disciplina de esta regla.

La profunda conversión de Teresa desencadenó en ella un creciente deseo de vivir bajo una regla de vida más estricta, una que incluyera más tiempo de contemplación, más ascetismo y ejercicios penitenciales, y mayor aislamiento del mundo. Teresa anhelaba la antigua expresión del carisma carmelita y llegó a pensar que la orden necesitaba ser reformada en una dirección más estricta. Su deseo se avivó por una visión que recibió de san José, que la alentaba a fundar otro monasterio. En 1562, sus esperanzas se hicieron realidad con la fundación del Convento de San José, en Ávila. Teresa escribió las constituciones para el nuevo monasterio basándolas en la anterior regla carmelita. Hizo hábitos de tela burda para las cuatro hermanas que se habían unido a ella en su cometido. La nueva reforma recibió el nombre de Carmelitas Descalzas; y aunque las hermanas rara vez andaban sin calzado, adoptaron las ásperas sandalias campesinas típicas de la época, como un signo de su pobreza por elección. Inicialmente Teresa propuso limitar el número de monjas a doce, para evitar que el convento se volviera demasiado cómodo o poderoso. Acerca de la nueva fundación, escribió: "[S]u consuelo era su soledad, y así me certificaban que jamás de estar solas se hartaban, y así tenían por tormento que las viniesen a ver, aunque fuesen hermanos; la que más lugar tenía de estarse en una ermita, se tenía por más dichosa)".[10]

El nuevo Convento de San José era una empresa bastante modesta. Sin embargo, disparó en Ávila una borrasca de luchas y controversias tan grande que el sacerdote que servía como capellán dijo que era como si a la ciudad la hubiera atacado simultáneamente un incendio, una plaga y un ejército invasor. "Espantábame yo", escribió Teresa, "de lo que ponía el demonio contra unas mujercitas y cómo les parecía a todos era gran daño para el lugar solas doce mujeres y la priora, que no han de ser más [...] y de vida tan estrecha".[11] Podríamos preguntarnos, ¿por qué todo este alboroto? ¿Por qué tan dura oposición a lo que era una iniciativa loable, o por lo menos inofensiva? Comprender el virulento antagonismo a Teresa y su reforma es abrir una ventana a otro tipo de sociedad, una que tomaba las cuestiones espirituales con mucha seriedad, convencida de que tenían profundas implicaciones prácticas. La España de los días de Teresa tenía cien mil hombres y mujeres en órdenes

---

[10] Santa Teresa de Jesús, *El libro de las fundaciones*, Capítulo 1, 6. (http://www.santateresadejesus.com/wp-content/uploads/Las-Fundaciones.pdf).
[11] Santa Teresa de Jesús, *El libro de la vida*, Capítulo 36, 19.

religiosas. Esas comunidades religiosas estaban en el centro de la vida española y un acontecimiento significativo entre ellas se sentía en todos los niveles de la sociedad, desde el rey hasta el campesinado.

La oposición a la nueva fundación de Teresa provino de diversas áreas y por razones diferentes. Primero, había una crítica implícita a la vida carmelita existente en la propia noción de una reforma necesaria. Muchas carmelitas se resentían ante este dedo acusador. "Estaba muy malquista en todo mi monasterio, porque quería hacer monasterio más encerrado", escribió Teresa. "Decían [las monjas] que las afrentaba, que allí podía también servir a Dios, pues había otras mejores que yo; que no tenía amor a la casa, que mejor era procurar renta para ella que para otra parte. Unas decían que me echasen en la cárcel".[12] Un segundo conjunto de cuestionamientos venían de ciertos teólogos de la Inquisición. Teresa era conocida por haber recibido gracias místicas y a los responsables de la disciplina de la Iglesia les preocupaban las ramificaciones potencialmente explosivas de las experiencias visionarias. La Reforma protestante se había agitado a través de la cristiandad occidental y había destrozado muchos estados europeos, con frecuencia a causa de declaraciones proféticas de especial revelación. En España estaban también los "iluminados", que sostenían que su conexión mística con Dios suprimía su necesidad de una Iglesia y la vida sacramental. En aquella época, era comprensible, si no encomiable, encontrar autoridades de la Iglesia excesivamente atentas a los movimientos místicos, que opinaban que era mejor estar a salvo aun a riesgo de sofocar la inspiración genuina. Esta actitud reacia al

[12] *Ibíd*, Capítulo 33, 2.

riesgo significaba que, para muchas autoridades, cualquier declaración de experiencia mística quedaba inmediatamente bajo sospecha. Sin embargo un tercer conjunto de cuestiones venían de la insistencia de Teresa de que la nueva fundación no debía recibir donaciones, por temor a que las hermanas no pudieran practicar la pobreza verdadera. El obispo de Ávila y muchos de sus habitantes se oponían al establecimiento de una casa religiosa más que necesitaría mantenerse con la caridad de los residentes de la ciudad; y otras órdenes religiosas cuyo sustento provenía de las limosnas recaudadas no estaban contentas de que apareciera un competidor de los posibles fondos.

No obstante y a pesar de la formidable oposición, el monasterio se fundó gracias a la combinación en Teresa de ferviente fe, personalidad ganadora y habilidad para gestionar las cuestiones prácticas. Con la fundación del Convento de San José, Teresa adoptó el nombre de Teresa de Jesús; tenía ahora cerca de cincuenta años y creía que había encontrado un lugar de oración y aislamiento donde podría vivir el resto de sus días en relativa paz. "Mas, como no estoy adonde me vean", escribió hacia el final de su autobiografía, "parece ya fue el Señor servido echarme a un puerto, que espero en Su Majestad será seguro, por estar ya fuera de mundo y entre poca y santa compañía. Miro como desde lo alto, y dáseme ya bien poco de que digan, ni se sepa".[13] Pero eso no pudo ser.

Cuatro años después de fundar el nuevo convento, el general de los carmelitas hizo una visita sin precedentes a España y llegó a la ciudad de Ávila. Teresa temió que el general pudiera molestarse por el nuevo convento de las descalzas, ya que había sido fundado bajo la protección del

---

[13] *Ibíd*, Capítulo 40, 22.

obispo local en lugar de la autoridad carmelita. Se reunió con él, le abrió su corazón con respecto a sus esperanzas de una casa carmelita reformada y le contó cómo el convento había sido bendecido desde su inauguración. El general, que estaba preocupado por la reforma, se vio hondamente conmovido por lo que vio y no solo aprobó la fundación, sino que animó a Teresa a que hiciera cuantas fundaciones más pudiera. El año anterior, habían nombrado papa a Pío V y nuevos aires de reforma soplaban en la Iglesia. Así empezó para Teresa un período de quince años de intensa actividad, que finalizó con su fallecimiento y durante este tiempo fundó dieciséis conventos más de las carmelitas descalzas en diversos sitios de toda España, además de que apoyó la fundación de otras tantas casas de frailes. En este proyecto, la ayudó, entre otros, san Juan de la Cruz, quien ella ya había ganado como joven sacerdote a la causa de la reforma de las carmelitas. Habría muchas batallas por librar; las carmelitas descalzas afrontarían un tiempo tempestuoso antes de que finalmente les dieran el estatus de congregación por mérito propio. Sin embargo, esa primera fundación, el Convento de San José, que comenzó con unas pocas hermanas, fue la cuña espiritual que abrió el campo para una fértil cosecha.

Nada muestra mejor la capacidad de Teresa de guiar a los demás y de dirigir asuntos prácticos que su época como priora de su propio Convento de la Encarnación, en Ávila. Esta fue la casa donde vivió más de veinte años antes de dejarla para fundar el Convento de San José bajo la regla reformada. Ahora habían pasado diez años y la reforma de Teresa estaba creciendo: entre 1567 y 1571 había fundado ocho conventos nuevos de las descalzas y estaba cuidándolos afanosamente. El provincial carmelita, que no era amigo de la reforma, quería limitar la actividad de Teresa; también estaba preocupado por la laxitud y el caos administrativo del convento grande de Ávila. Entonces decidió ocuparse de ambos asuntos a la vez designando a Teresa como la nueva priora. Como era típico en ella, Teresa obedeció y dejó el futuro de la reforma en manos de Dios. Este nombramiento de Teresa tuvo en Ávila un efecto catastrófico. Siempre había sido costumbre que los miembros del convento eligieran a su superior. Imponerles algo de este modo ya era bastante arduo, pero que ese algo fuera la propia Teresa, que había arrojado el convento y la ciudad a semejante agitación diez años antes no iba a tolerarse. Mientras Teresa caminaba en solemne procesión con el provincial para asumir sus nuevas responsabilidades, los pobladores la hostigaron e insultaron. Cuando la procesión llegó al convento, lo encontró cerrado con una barricada contra ella. Luego de entrar a la fuerza, el provincial instaló a Teresa en medio de los alaridos y los gritos de las disgustadas monjas. Difícilmente podría haberse imaginado un comienzo menos propicio para un cargo.

No obstante, los tres años del mandato de Teresa fueron un éxito sobresaliente. Su primer acto al reunir a las hermanas amotinadas fue colocar una estatua de la Bienaventurada Madre en la silla de la priora, de modo que quedara claro quién era la verdadera cabeza de la casa. Les dijo a las hermanas que comprendía su posición y que no las obligaría a cumplir las prácticas más rigurosas de la reforma. Puso en orden las finanzas del monasterio, lo cual significó que, por primera vez en muchos meses, las hermanas tuvieran comida suficiente. Convocó a Juan de la Cruz como director espiritual, ministerio para el cual tenía un gran talento. Era firme y exigente, pero justa y humilde en el ejercicio de su función. Era la primera en aceptar las obligaciones prácticas más serviles y, si creía que había cometido algún error en el cuidado de sus hermanas, se postraba delante de ellas y les pedía perdón. En 1574, sus funciones terminaron. Tres años después, la reforma de las descalzas cayó bajo un nuevo ataque y, en consecuencia, a Teresa le prohibieron por un tiempo fundar otras casas y una vez más sus autoridades la confinaron al Convento de la Encarnación. Esas autoridades querían hacer que Teresa más o menos desapareciera, pero ahora sobrevino una escena increíble. El puesto de priora quedó vacante y las mismas monjas que unos años antes se habían disgustado tanto porque les habían impuesto a Teresa ahora la querían de nuevo como priora. La mayoría votó por ella, aun a riesgo de que el representante de la orden carmelita las excomulgara. Tal fue el amor y la admiración que había ganado de sus hermanas a pesar de su antigua resistencia.

Teresa se destacaba entre los místicos por su capacidad para vivir una profunda vida contemplativa incluso en medio de la intensa actividad exterior. Esta cualidad fue evidente durante toda su vida, pero especialmente considerable en el tiempo y las circunstancias de escribir el clásico espiritual *Las moradas*, o *El castillo interior*. Bajo la obediencia de sus superiores, Teresa escribió la obra en 1577, justo en el momento en que la reforma de las descalzas se encontraba bajo un serio ataque y la continuación de su existencia peligraba. Como iniciadora de la reforma, Teresa estuvo directamente en medio de esa batalla escribiendo cartas a todas las partes, manteniéndose en contacto con sus numerosas fundaciones y encargándose de las difíciles consecuencias de ser elegida priora de la Encarnación contra los deseos del provincial. La verdadera escritura del libro se llevó a cabo en dos períodos de catorce días, en los cuales escribía temprano por la mañana y tarde por la noche afrontando las obligaciones del día durante las horas intermedias. Aun así, en sus escritos, no hay señales de esas batallas externas ni de todas las angustias que ellas acarreaban. Sus hermanas recordaban que Teresa a menudo se quedaba absorta en contemplación al tomar su pluma. Una de ellas escribió más adelante: "Vi una vez, estando escribiendo el de las Moradas, y entrando yo a darla un recado, que estaba muy embebida, de suerte que no me sintió, y la vi con un rostro inflamadísimo y hermosísimo, y después de haber oído el recado dijo: 'Mi hija, siéntese un poco, déjeme escribir esto que me ha dado el Señor antes que se me olvide'. Lo cual iba escribiendo con gran velocidad y sin parar".[14]

La reforma de las descalzas capeó el temporal y Teresa, ahora una mujer de sesenta y cinco años y víctima de muchas enfermedades, estaba de nuevo en marcha. A pesar de la oposición, la reforma ganaba apoyo y había muchos pedidos de fundaciones nuevas. Teresa misma era cada vez más considerada una santa, una situación que la ponía sumamente incómoda. Toda nueva fundación significaba un extenuante viaje en todo tipo de clima, una montaña de difícil trabajo administrativo y la agobiante atención a los litigios y los falsos rumores que inevitablemente iniciaban los oponentes a la reforma. El relato de esa incesante actividad reformadora puede encontrarse en el *Libro de las fundaciones* de Teresa. En medio de sus numerosas tareas,

---

[14] Santa Teresa de Jesús, Moradas del castillo interior, Contexto histórico y literario. (http://buenjesusdeteresa.blogspot.com.ar/p/moradas-del-castillo-interior-de-santa.html).

su espíritu interior permaneció en íntima unión con Dios. "En algunos aspectos, mi alma no está realmente sujeta a las miserias del mundo como antes", escribió en esta ocasión. "Sufre más, pero siente como si los sufrimientos hirieran solamente sus vestidos; no pierde su paz".[15] Cuando sintió que llegaba su última enfermedad en medio de sus labores, ansió una vez más estar en su convento de Ávila. Pero la muerte se le adelantó y no pudo regresar.

En general, la forma de la vida de Teresa de Ávila podría parecer un tanto incongruente: una contemplativa entusiasta y aun así envuelta en las cuestiones del mundo; alguien que ansiaba el aislamiento y que aun así viajaba constantemente a todas partes de España; una monja austera que dio la espalda a las cosas de la época y a los sentidos, y que aun así poseyó hasta el final un deleite espontáneo por los amigos y la belleza del mundo natural. Pero esta combinación de cualidades es incongruente solo si no se entiende cabalmente el ideal contemplativo cristiano. Teresa, igual que todos los verdaderos contemplativos, no estaba meramente apartándose del mundo; más bien estaba acercándose a los brazos del Creador y centro del mundo, Dios mismo. Al entregarse a los amores máximos, recibió a cambio todas las cosas. No supo menospreciar los amores inferiores, solo insistía en que debían ordenarse correctamente.

Junto con sus escritos en prosa, Teresa dejó muchos poemas. El que más se recuerda entre ellos se encontró en su breviario después de su muerte, un testimonio de unión

---

[15] Shirley du Boulay, *Teresa of Ávila: An Extraordinary Life* (Katonah: Bluebridge, 1991), 245. (Traducción propia).

y calma en su vida interior en medio de la distracción y los problemas de un mundo caído pero bendito.

> *Nada te turbe,*
> *Nada te espante,*
> *Todo se pasa,*
> *Dios no se muda.*
> *La paciencia*
> *Todo lo alcanza;*
> *Quien a Dios tiene*
> *Nada le falta;*
> *Solo Dios basta.*

Capítulo cuatro

San Juan de la Cruz

"*Adonde no hay amor, ponga amor y sacará amor.*"

"*Adonde no hay amor,*
ponga amor y sacará amor."
En una noche oscura
con ansias en amores inflamada,
¡oh, dichosa ventura!,
salí sin ser notada
estando ya mi casa sosegada. [...]

En la noche dichosa,
en secreto, que nadie me veía
ni yo miraba cosa,
sin otra luz y guía
sino la que en el corazón ardía. [...]

¡Oh, noche que guiaste!
¡Oh, noche más amable que la alborada!
¡Oh, noche que juntaste
Amado con amada,
amada en el Amado transformada![1]

---

[1] Juan de la Cruz, Santo: *Poesías*; Alicante: Biblioteca Virtual Miguel de Cervantes, 2000,<http://www.cervantesvirtual.com/nd/ark:/59851/bmcft8g5>.[Consulta: 03/8/2017].

El Renacimiento de los siglos XV y XVI fue una época de una exploración creciente y cada vez más estimulante de la personalidad humana individual. Mientras los europeos estaban descubriendo continentes nuevos y se preparaban para dominarlos, así también estaban descubriendo el más oscuro y misterioso de todos los continentes, el alma humana, y, con la misma actitud intrépida del conquistador, estaban determinados a representar y dominar el nuevo terreno. Este Renacimiento vuelto hacia el interior, cuando es exagerado o desinformado por la gracia, podía terminar en el abandono de los aspectos formales del cristianismo en su totalidad, como sucedió entre los reformistas protestantes más radicales, o en una mirada introspectiva egocéntrica, como en el ensayista escéptico francés Michel de Montaigne. Para los reformadores católicos que buscaban la continuidad con la gran tradición, no había interés en subvertir las formas de la vida de la Iglesia –los Sacramentos, los ritos y la jerarquía–, pero había un deseo creciente de un encuentro interior con Cristo que se correspondería con esas formas y profundizaría la vida de la fe. Gran parte del fervor de la Reforma católica se arraigaba en un cultivo renovado de la vida interior. Los Ejercicios Espirituales de Ignacio fueron una notable expresión de este desarrollo. En Teresa de Ávila y Juan de la Cruz, el ascenso interior a Dios alcanzó alturas extraordinarias.

Las estrofas que encabezan el capítulo son del poema de Juan de la Cruz "Noche oscura". A pesar del escaso número de sus poemas, Juan de la Cruz se ha ganado un lugar de primera categoría entre los poetas españoles, tanto por la calidad como por la variedad de su obra. Sin embargo, lo más notable de este poema no es el talento de su escritor, sino las circunstancias en las que se lo escribió. John escribió esta lírica canción de amor por Dios después de escapar de una especie de infierno viviente: encarcelado, traicionado, torturado, desconocedor del futuro, aparentemente olvidado y abandonado. Lo que emerge de la vida y la enseñanza de Juan es una verdad que vale la pena considerar: que no fue a pesar de, sino debido a sus horribles circunstancias que John estaba tan cautivado por el amor de Dios. En su poesía, en sus escritos en prosa y, preeminentemente, en la forma de su vida, Juan apunta al misterio de la naturaleza redentora de la Crucifixión. Fue intensamente un hombre de la Cruz; y por eso fue un ferviente amante y un efectivo reformador.

El tema del sufrimiento con Cristo por el bien de la humanidad corre como un hilo de seda a lo largo de la vida y la enseñanza de todos los santos de la Reforma católica. Desde su primera conversión hasta el final de su vida, el deseo incontenible de Catalina de Génova era unirse a los sufrimientos de Cristo para llevar bondad al mundo. A Tomás Moro lo encarcelaron y lo mataron por su adhesión a la fe, un desarrollo que fue concordante con el resto de su vida. Una vez les dijo a sus hijos: "".[2] Ignacio de Loyola adoptó la misma actitud: "Si Dios te hace padecer muchos trabajos, es señal de que Él tiene grandes designios para ti y que ciertamente pretende hacerte santo; y si tu quieres ser un gran santo ruégale que te dé una gran oportunidad de padecer; porque no hay leña que más avive el fuego del amor divino, que el leño de la Santa Cruz, que escogió Cristo para el sacrificio de su caridad inmensa". El gran discípulo de Ignacio, Francisco Javier, estaba constantemente dispuesto a sufrir por Cristo. Una vez, en viaje por mar desde

---

[2] Roper, *Life of Sir Thomas More*, Pt. 1. [Traducción propia.]

Malaca hasta la India, se barco quedó atrapado en un terrible monzón, el peor que había visto jamás, y todos a bordo pensaron que el barco se iba a hundir. En medio del miedo y la furia de la tormenta, los ojos de Javier esperaban que su sufrimiento pudiese ser una adquisición para el Reino. Más tarde escribió: "Rogaba a Dios nuestro Señor en la tormenta que, si de esta me librase, no fuese sino para entrar en otras tan grandes o mayores, que fuesen de mayor servicio suyo".[3] El alegre Felipe Neri era de la misma escuela: "La grandeza del amor de Dios se conoce de la grandeza del deseo que tiene el hombre de padecer por su amor. [...]No puede sucederle a un cristiano más gloriosa cosa que padecer por Cristo. [...] No hay argumento más cierto ni más evidente del amor de Dios que las adversidades."[4] Carlos Borromeo y Pío V nunca se quejaron de la dura oposición que recibieron al intentar la reforma; pensaban que era una parte necesaria de la acción salvadora de Dios. Borromeo escribió una vez: "El que aspira a la perfección de la vía unitiva debe practicar tres cosas, a saber: orar heroicamente, heroicamente trabajar y heroicamente padecer".[5] Teresa de Ávila, como estaba llena de interés en todos los aspectos de la vida, una vez escribió a sus hermanas: "Quiero que les quede claro en qué consiste la voluntad de Dios. No crean que es darles placeres, riquezas. [...]Las quiere mucho como para darles estas cosas.

---

[3] Collantes, Carlos: "Francisco Javier, peregrino apasionado", <http://www.omp.es/OMP/espiritualidad/santos/sanfranciscojavier/59smcarloscollantes.htm>[Consulta: 03/8/2017]

[4] Pietro Bacci, *Vida de San Felipe Neri Florentin*, Barcelona, 1730, p. 441. <https://books.google.com.ar/books?id=1VkunEBieIwC&printsec=frontcover&hl=es&source=gbs_ge_summary_r&cad=0#v=onepage&q=nada&f=false>[Consulta: 03/8/2017]

[5] [Nota de la traductora: La cita atribuida a Carlos Borromeo es, en realidad, de Antonio María Claret, nacido casi 3 siglos después. Ver <http://www.claret.org/es/calendar-medit/15-05-2014> (Consulta: 04/8/2017)]

Consideren lo que el Padre le dio a Él, a quien amó sobre todas las cosas—sufrimiento, la Cruz—y entenderán cuál es su voluntad. Mientras estemos en este mundo, estos son sus dones. Nos los da conforme al amor que nos tiene".[6] Tal como sucede con estos otros santos, así es con Juan de la Cruz. Uno de sus "Puntos de amor" dice: "El amor no consiste en sentir grandes cosas, sino en tener grande desnudez y padecer por el Amado".[7]

La vida temprana de Juan

Juan de Yepes y Álvarez (para darle su nombre original) pareció marcado para el sufrimiento desde la niñez. Juan nació en un pueblo cercano a Ávila en 1542. Su padre, Gonzalo, pertenecía a una rica familia comerciante (como el padre de Teresa de Ávila, probablemente de origen judío), y se casó con una huérfana pobre llamada Catalina Álvarez. La familia de Gonzalo quedó consternada por la elección y renegó de Gonzalo, que se vio obligado a hacer suyo el oficio económicamente inestable de su esposa y se transformó en tejedor. Del matrimonio nacieron tres hijos, el menor de los cuales era Juan. Poco después del nacimiento de Juan, murió Gonzalo, su padre, lo que llevó a Catalina a improvisar una vida lo mejor que pudo para ella y sus tres pequeños hijos. Se trasladó de un lugar a otro ejerciendo su oficio, instalándose finalmente en la ciudad de Medina del Campo. Desde la niñez, Juan supo bien lo que significaba ser pobre, tener hambre y vestirse pobremente, y enfrentar el futuro sin seguridad financiera. La experiencia no lo amargó, pero le dio una profunda compasión por los pobres y los

---

[6] Teresa de Ávila, *Camino de perfección*, Ch. 32.
[7] Juan de la Cruz, Santo: *Dichos de luz y de amor*, <http://www.sanjuandelacruz.com/obras-san-juan-de-la-cruz/dichos-de-amor-y-de-luz/>[Consulta: 04/8/2017]

que sufren. También lo fortaleció; su posterior resistencia a las austeridades corporales la aprendió en una dura escuela desde una edad temprana.

Catalina se dio cuenta de que no podía mantener a todos sus hijos; a los diez años, a Juan lo internaron en un orfanato, el Colegio de la Doctrina. Juan era un joven inteligente, profundamente reservado, ardiente pero silencioso. Durante la adolescencia se sostuvo trabajando como enfermero en un gran hospital, donde desarrolló otra cualidad que duró hasta el final de su vida: una pronta compasión por los enfermos. A los diecisiete años asistió a un recientemente fundado colegio jesuita en Medina, donde permaneció por cuatro años. A los veintiuno, tomó el hábito carmelita bajo el nombre de Juan de San Matías. Luego pasó tres años en la Universidad de Salamanca; a los veinticinco años se ordenó como sacerdote. Se puede ver que Juan se benefició de las nuevas reformas que se estaban abriendo camino en la Iglesia. Recibió una excelente educación de parte de los jesuitas en la tradición humanista cristiana, aumentada en Salamanca bajo la influencia del erudito humanista Francisco de Vitoria, una educación que enfatizaba un firme conocimiento de las Sagradas Escrituras y el estudio de los Padres de la Iglesia. Salamanca también albergaba un resurgimiento de la teología de Tomás de Aquino. Estas diversas influencias—familiaridad con las Sagradas Escrituras, conocimiento de los Padres, apreciación de la teología de Tomás, todas en armonía en una atmósfera de oración y sacramento—fueron evidentes en el trabajo posterior de Juan, junto con un deleite más humilde en las canciones de amor en lengua vernácula aprendidas entre los tejedores de su juventud.

A diferencia de Teresa de Ávila, Juan casi nunca fue autobiográfico en sus escritos, así que tenemos pocos detalles relativos a los primeros años de su vida. Pero parece que se había decidido por el sacerdocio y la vida contemplativa a muy temprana edad. Siempre había sido un joven devoto, y ya durante sus días universitarios en Salamanca, cuando no asistía a las clases, estudiaba durante largas horas en el escritorio de su celda vacía, negándose a unirse a sus compañeros para el esparcimiento o la conversación trivial. Pasaba gran parte de todas las noches en oración y estaba empezando a practicar un estricto régimen ascético: ayunaba rigurosamente y se azotaba hasta el punto de hacerse sangrar.

En 1567, el año en que fue ordenado sacerdote, Juan conoció a Teresa. Cinco años antes, Teresa había fundado el convento de las descalzas de San José y ahora estaba buscando posibles sacerdotes de la orden que pudieran realizar el mismo tipo de reforma entre los frailes. Juan se sentía atraído a una vida de contemplación y austeridad más profunda de la que ofrecían los carmelitas en ese momento y estaba pensando unirse a los cartujos. Teresa lo convenció de que se quedara con los carmelitas y que la ayudara a iniciar una reforma en la rama masculina. Teresa escribió a sus hermanas: "Ayúdenme, hijas, a dar gracias a Dios nuestro Señor, que ya tenemos fraile y medio para comenzar la reforma de los religiosos".[8] Era una observación con un toque de humor, porque Juan podría haber parecido solo la mitad de un fraile. Medía menos de cinco pies de alto y era de complexión delgada. Pero tenía la intensidad vital de un rayo láser. Teresa escribió: "Aunque es chico entiendo

---

[8] Jiménez Duque, Baldomero: "Santa Teresa y San Juan de la Cruz (Una aproximación entre ambos)", 79; <http://biblioteca2.uclm.es/biblioteca/ceclm/ARTREVISTAS/Toletum/tol15/toletum15_jimenezsanta.pdf> [Consulta: 05/8/2017]

es grande en los ojos de Dios. [...]No hay fraile que no diga bien de él, porque ha sido su vida de gran penitencia. Aunque ha poco tiempo, mas parece le tiene el Señor de su mano".[9] La buena disposición de Juan para unirse a la reforma descalza vino con una condición característica: que no tendría que esperar mucho tiempo. Tal como sucedió, no tuvo que esperar mucho. Volvió a Salamanca para un último año de estudio y luego, en el otoño de 1568, fue a Duruelo, donde Teresa había conseguido una pequeña vivienda. Allí, él y otro fraile empezaron el primer priorato de la reforma descalza. Tomó el nombre de Juan de la Cruz.

Durante los siguientes ocho años, Juan estuvo ocupado promoviendo la reforma. Cinco de esos años los pasó como capellán del Convento de la Encarnación, donde fue el confesor de Teresa. Este fue el período de colaboración más estrecha. Teresa y Juan no tenían una personalidad naturalmente solidaria. Además de doblarlo en edad, Teresa –la más humana de todos los santos– prefería un poco de encanto e ingenio pícaro en los que estaban cerca de ella, y Juan era silencioso y muy serio. Pero Teresa entendió la valía de Juan y, más tarde, insistía que nunca había tenido un director espiritual tan bueno. Escribió: "[M]e he enojado con él a ratos[)], jamás le he[mos] visto una imperfección".[10] Para Juan, el tiempo que pasó con Teresa le sirvió para ganar experiencia como pastor de almas y para profundizar la vida de oración. Aunque no se lo haya podido llamar alumno de Teresa, obtuvo mucho de su ejemplo y de su experiencia de contemplación mística.

---

[9] *Ibid*, 81.
[10] *Ibid*, 81.

Persecución

La historia de la reforma carmelita es enmarañada, cargada de la confusión de jurisdicciones superpuestas y aquejada por las debilidades y la imprudencia humanas. Pero sigue un patrón importante para comprender la reforma de la Iglesia. Parece una regla que la oposición más férrea a la obra de Dios proviene, no del mundo no creyente, sino de elementos que están dentro de la Iglesia. A primera vista, puede parecer anómalo; pero tiene más sentido a la luz de la forma de salvar el mundo que Dios prefiere. Canta el salmista: "Y el Señor escogió a Sión, quiso que fuera su residencia: 'Aquí está mi descanso para siempre'" (Sal 132, 13–14). Después de que Dios iniciara una historia de salvación reuniendo para sí un pueblo que fuera la sal y la luz del mundo, ese pueblo y su historia emergieron como el centro de la narrativa del mundo, la única etapa en la cual se representaría el drama humano. El pueblo elegido de Israel primero y la Iglesia Católica después se convirtieron, por necesidad, en el principal teatro de la guerra espiritual. Los oponentes más difíciles de Jesús no fueron la población general, sino los fariseos y los sacerdotes principales; Pablo estaba mucho más preocupado por los falsos maestros de la ley que por los no creyentes paganos y, en el transcurso de los siglos, las batallas más feroces que los cristianos han peleado han sido con otros miembros de la Iglesia, involucrando frecuentemente a obispos y miembros de órdenes religiosas. Los esfuerzos por renovar la Iglesia recibieron la más vigorosa oposición de las facciones internas de la misma Iglesia. Teresa de Ávila aludió una vez a esta realidad: "Úsase tan poco el [camino] de la verdadera religión, que más ha de temer el fraile y la monja que ha de comenzar de veras a seguir del todo su llamamiento a los mismos de su casa, que a todos los demonios".[11] Para que la reforma se arraigue, siempre hay una necesidad por la resistencia de un sufrimiento semejante al de Jesús por parte de algunos miembros de la Iglesia a manos de otros dentro de la comunidad cristiana. Juan de la Cruz parecía distinguirse para este propósito; él ejemplifica lo que significa ofrecerse con Cristo como una víctima expiatoria para la renovación de la Iglesia.

La tormenta que se estaba armando contra la reforma descalza se intensificó en 1576 cuando Juan Bautista Rubeo, el mismo general carmelita que tan calurosamente había alentado a Teresa para que hiciera nuevas fundaciones, de repente se opuso a la reforma y buscó terminar el crecimiento e incluso la existencia de los monasterios y los conventos descalzos, por miedo de que la reforma introdujera divisiones en la orden carmelita. Esto dio inicio a un grave conflicto, cuando el general carmelita y sus representantes tomaron medidas para limitar o terminar la reforma descalza, mientras que el nuncio papal, respaldado por el rey de España, siguió apoyándola. La lucha llevó al "arresto domiciliario" de Teresa en el convento de la Encarnación. Llegó un momento decisivo en el conflicto cuando murió el nuncio papal, un tal Nicolás Ormaneto, que había sido el vicario general de Carlos Borromeo en Milán y un confiable amigo de la reforma, y se designó a un nuevo nuncio, Felipe Sega, empeñado contra la reforma. Sega alguna vez dijo que Teresa era una "fémina inquieta y andariega, desobediente

---

[11] Teresa de Ávila, *Libro de la Vida*, cap. 7, 5; <http://www.santateresadejesus.com/wp-content/uploads/Libro-de-la-Vida.pdf > [Consulta: 07/8/2017].

y contumaz".[12] Eliminada la protección de Ormaneto, los oponentes de la reforma descalza se volvieron más atrevidos. Entre varias de las medidas que tomaron, determinaron actuar en contra de Juan de la Cruz, uno de los primeros frailes descalzos.

Juan había estado viviendo en una ermita en Ávila con otro fraile descalzo en su calidad de confesor en el convento de la Encarnación. Las autoridades carmelitas ahora le ordenaban que regresara a su monasterio original y que dejara de seguir las constituciones descalzas. Tras resistirse a esta movida, una partida de monjes carmelitas y hombres armados hicieron prisioneros a Juan y al fraile que lo acompañaba, y los secuestraron: dónde, nadie lo sabía. A Juan lo llevaron al priorato de Ávila, donde fue azotado. Luego lo llevaron por caminos poco frecuentados en el medio de la noche, con los ojos vendados para que no supiera a dónde iba, hasta el priorato de Toledo. Allí lo llevaron ante un tribunal y lo acusaron de insubordinación por no obedecer la orden de dejar su puesto como confesor en Ávila y por insistir en vivir según la reforma descalza. Le dijeron que si se sometía a las decisiones del tribunal, se pasaría por alto su ofensa y se le daría un alto cargo en la orden carmelita. Sin embargo, Juan siguió firme, diciendo que no tenía autoridad para dejar su puesto, ya que se lo había asignado el representante papal, y que había tomado el voto de seguir las constituciones descalzas, un voto que no era libre de romper. El tribuno lo encontró culpable de rebelión y contumacia, y se lo condenó a prisión por todo el tiempo que el general de la orden pudiera determinar. Tan pronto como Juan desapareció, Teresa le escribió al rey Felipe

---

[12] Álvarez de la Cruz, Tomás (o.c.d.): "Santa Teresa de Jesús, Madre de espirituales", cap. 4, <http://museoconventualantequera.com/biografia-de-santa-teresa/capitulo-4o/> [Consulta: 07/8/2017]

y a todos los obispos influyentes que conocía, registrando su ansiedad por esta situación. Escribió: "No sé que ventura es que nunca hay quien se acuerde de este santo".[13] Pero nadie sabía dónde estaba Juan, y no se podía hacer nada.

Durante dos meses, Juan estuvo en la celda prisión del priorato. Pero por miedo de que pudiera escaparse, los frailes encontraron un lugar más seguro. Lo encerraron en una habitación pequeña, de seis pies por diez pies, que previamente se había usado como armario. La habitación tenía una pequeña rendija en lo alto de la pared, por la cual poca luz podía entrar en la celda. Juan podía leer sus oficios solo subiéndose a un taburete y sosteniendo el breviario por encima de su cabeza y, solo así, al medio día. Su cama era una tabla sobre el piso, cubierta con dos mantas viejas. La habitación era helada durante los meses de invierno, al principio del cautiverio de Juan. Luego se volvió abrasadora y sofocante a medida que avanzaban los meses de verano. No se le dio oportunidad de bañarse y no tenía permitido ningún cambio de ropa, así que lo devoraban los piojos. Su comida consistía en unos pocos mendrugos de pan y una ocasional sardina, arrojados al piso de su celda. Pronto contrajo disentería y temió que los frailes estuvieran intentando envenenarlo. El balde de Juan se dejaba a propósito en su celda durante días, creando tal fetidez que lo hacía vomitar. Su túnica, llena de coágulos por las palizas, empezó a pudrirse y a llenarse de gusanos. Como nunca fue una persona de salud vigorosa, este tratamiento durante un período de muchos meses lo debilitó y lo consumió, llevándolo casi a la muerte.

---

[13] Teresa de Jesús, Santa: *Cartas de Santa Teresa de Jesús*; Alicante: Biblioteca Virtual Miguel de Cervantes, 2008; 190 <http://www.cervantesvirtual.com/obra-visor/cartas-de-santa-teresa-de-jesus—0/html/01b29f00-82b2-11df-acc7-002185ce6064_191.htm>[Consulta: 07/8/2017]

Los días de ayuno, llevaban a Juan al refectorio y lo hacían arrodillar mientras los frailes comían. Una primera biografía basada en relatos de primera mano cuenta el tipo de amonestación que le daba el prior de la casa en estas ocasiones:

> Si quería ser bueno, ¿qué le impedía permanecer en una orden que había producido tantos frailes buenos y santos? Pero usted, hipócrita, no aspiraba a ser santo, sino únicamente a que lo tuviesen por tal: no al crecimiento espiritual de la gente, sino únicamente a la satisfacción de su amor propio. ¡Miren, hermanos, a este miserable y desgraciado frailecito, que apenas sirve para portero de un convento! Pretende reformar a los demás cuando lo que necesita es reformarse a sí mismo. Ahora, descúbrase la espalda: ahí escribiremos las reglas de la nueva reforma.[14]

Luego, cada uno de los frailes lo golpeaba por turnos con una vara. Juan soportaba el castigo en silencio, lo que solo parecía exasperar más a sus martirizadores.

Durante este tiempo de encarcelamiento, a Juan se lo mantuvo en confinamiento solitario. No tenía permitido hablar con nadie; la única persona a la que veía regularmente, el fraile que era su carcelero, lo trataba con desprecio. A veces, los frailes hablaban fuera de su habitación con el propósito de permitirle que oyera su conversación. Se decían que al prisionero nunca se le permitiría salir, y que todos los monjes y monjas descalzos lo habían abandonado a él y habían dejado la reforma. Todo esto le causaba a Juan gran aflicción mental.

Después de seis meses de este tratamiento, Juan experimentó un ligero alivio. Se convirtió en su carcelero

---

[14] Adaptación de un texto atribuido a Jerónimo de San José, de 1641, citado en <http://elmontevideanolaboratoriodeartes.blogspot.com.ar/2009/10/san-juan-de-la-cruz-y-carlos-saura-en.html> [Consulta: 07/8/2017]

un fraile más joven de un priorato diferente, que trató a su prisionero con más compasión. El nuevo carcelero le consiguió a Juan una túnica limpia y le dio una aguja e hilo con los cuales reparar su hábito. Le proveyó una pluma y tinta para escribir, y una lámpara de aceite con la cual podía leer sus oficios. A veces dejaba abierta la puerta de la celda para permitir que entrara un poco de luz y de aire. Durante este tiempo, Juan pudo salir de la celda para determinar mejor dónde se encontraba en el monasterio.

Durante nueve meses, se le hizo soportar a Juan esta crucifixión de sufrimiento y aislamiento. Llegó a pensar que nunca saldría vivo de su celda. Luego, según un relato, recibió una visión de la Virgen María que le decía que pronto iba a escapar de su tiempo de encarcelamiento. Animado por la visión, decidió hacer un intento. El priorato carmelita estaba construido contra el muro de la ciudad. Calculó que había un lugar desde el cual podía escapar sobre el muro si cortaba las mantas de su celda y ataba los extremos para formar una soga larga. La noche del 14 de agosto, en la víspera de la fiesta de la Asunción, Juan hizo la soga y, habiendo aflojado antes los tornillos de la puerta de la prisión, abrió su celda y se deslizó entre dos frailes que dormían. A la luz de la luna llena, ató la soga a una barandilla y se deslizó, saltando los restantes diez pies. Entonces se encontró atrapado en el recinto de un convento franciscano; pero halló un lugar donde el revoque estaba suelto, así que pudo trepar la pared y salir a la calle. Ahora estaba perdido, en el medio de la noche, en una ciudad que no conocía. Se refugió en una casa hasta la mañana y luego preguntó el camino hasta el convento de las descalzas. Lo encontró, hizo sonar la campana y habló con la hermana externa. Fue la primera que oyó de él por casi un año.

A su llegada al convento, Juan estaba tan delgado y enfermo que parecía una imagen de la muerte. Hablaba solo en un susurro y apenas se mantenía en pie. Las monjas, sabiendo el peligro que corría, lo llevaron a la zona de clausura. Cuando los frailes del priorato carmelita descubrieron su fuga, que descubrieron pronto, recorrieron la ciudad en su búsqueda. Llegaron al convento de las descalzas y buscaron en los terrenos, pero no se atrevieron a entrar en la zona de clausura. Las monjas pronto pudieron poner a Juan en las manos de un noble rico, amigo de la reforma, que le dio protección y un lugar para recuperarse.

El espíritu indomable de Juan se puede ver en su respuesta a esta nueva libertad. Entre las primeras cosas que hizo cuando entró al convento de las descalzas fue leerles a las hermanas los poemas que había escrito durante su encarcelamiento. Es una escena extraordinaria: un espantajo de hombre, a la puerta de la muerte, famélico, sucio, tremendamente golpeado y privado de compañía humana, no pide alimento, ni bebida, ni un refugio seguro. En su lugar, solo quiere hablar de la bondad y la belleza de Dios; su deseo más profundo es compartir su amor por el Único que se acercó a él en la oscuridad, el que se reveló a sí mismo de la manera más clara y atrayente en medio de la crucifixión.

Los escritos místicos de Juan

Después de escapar de la prisión, Juan viajó al sur de España, al monasterio de El Calvario. Poco tiempo después, cuando su salud se había más o menos recuperado, lo eligieron prior de la casa. Cerca había un convento de monjas descalzas bajo la dirección de una de las personalidades más fuertes de entre las hijas espirituales de Teresa, Ana de Jesús. Ana estaba buscando un confesor para sus hermanas y, como muchos que conocieron a Juan, al principio no estaba impresionada. Le escribió a Teresa en busca de consejo sobre cómo hallar un sacerdote adecuado para el puesto. Teresa le respondió: "En gracia me ha caído, hija, cuán sin razón se queja, pues tiene allá a mi padre fray Juan de la Cruz, que es un hombre celestial y divino; pues yo le digo a mi hija, que después que se fue allá, no he hallado en toda Castilla a otro como él, ni que tanto fervore en el camino del cielo".[15] Ana siguió el consejo de Teresa y tomó a Juan como confesor. Fue una decisión feliz, ya que, al cuidar a las monjas de este convento de Beas y explicarles los principios de la oración, Juan escribió las más conocidas de sus obras en prosa, *Subida del Monte Carmelo* y *Noche oscura del alma*.

La enseñanza de Juan sobre la vida mística se puede comprender mejor como la consecuencia de una apasionada relación de amor. Cuando intentaba comunicar las fuentes de su visión espiritual, solo podía expresar sus ideas plenamente en la poesía amorosa modelada en el Cantar de los Cantares bíblico. Incluso en sus obras en prosa empezaba con poesía; la totalidad de sus largos volúmenes son explicaciones extensas de lo que significa la poesía. Sin embargo, no hay nada sensiblero o romántico en el camino de amor de Juan. El sendero que trazó podía ser intimidante en su implacable determinación para no permitir que algo se interpusiera en el camino del más alto de los amores. "Guárdame en tu corazón como tu sello o tu joya, siempre fija a tu muñeca, porque es fuerte el amor como la muerte, y la pasión, tenaz como el infierno; sus flechas

---

[15] Teresa de Jesús, Santa: *Cartas de Santa Teresa de Jesús*; Alicante: Biblioteca Virtual Miguel de Cervantes, 2008. p. 201. <http://www.cervantesvirtual.com/obra-visor/cartas-de-santa-teresa-de-jesus—0/html/01b29f00-82b2-11df-acc7-002185ce6064_202.htm> [Consulta: 07/8/2017]

son dardos de fuego, como llama de Yavé" (Cant 8, 6). Estos versos señalan el tipo de amor que se encuentra en los escritos de Juan: un amor fuerte como la muerte, una llama de fuego incontenible, una pasión que no admitirá rival. Sin embargo, Juan mismo era un alma muy amable y se encargaba de sus trabajos espirituales con gran sensibilidad. Una vez escribió: "Cuanto más santo sea el confesor, más suave es y menos se escandaliza de las faltas de ajenas, porque conoce mejor la flaca condición del hombre".[16]

> El fuego material, en aplicándose al madero, lo primero que hace es comenzarle a secar, echándole la humedad fuera y haciéndole llorar el agua que en sí tiene; luego le va poniendo negro, oscuro y feo, y aun de mal olor, y, yéndole secando poco a poco, le va sacando a luz y echando afuera todos los accidentes feos y oscuros que tiene contrarios a fuego; y, finalmente, comenzándole a inflamar por de fuera y calentarle, viene a transformarle en sí y ponerle tan hermoso como el mismo fuego.[17]

Según Juan, un proceso similar ocurría cuando el fuego del amor divino empezaba a encender el alma.

> Antes que una y transforme el alma en sí, [este divino fuego de amor] la purga de todos sus accidentes contrarios; hácela salir afuera sus fealdades y pónela negra y oscura, y así parece peor que antes y más fea y abominable que solía. Porque, como esta divina purga anda removiendo todos los malos y viciosos humores, que por estar

---

[16] Martínez Gutiérrez, Vicente: La dirección espiritual en San Juan de la Cruz, Madrid, 2003, 156. <https://www.google.com.ar/url?sa=t&rct=j&q=&esrc=s&-source=web&cd=1&ved=0ahUKEwj3uL2ascbVAhXEDJAKHf1oCxEQFggk-MAA&url=http%3A%2F%2Fwww.contemplativos.com%2Fdescargas%2FDireccion%25C3%25B3n%2520espiritual%2520San%2520Juan%2520de%2520la%2520Cruz-Vicente%2520Mart%25C3%25ADnez.doc&usg=AFQjCNGtPKt8wUtJlY23w-0zu_X3UH2yueA> [Consulta: 07/8/2017]

[17] Juan de la Cruz, Santo: Noche Oscura, Libro Segundo, Capítulo 10, <http://www.concordanze.eu/1001/1001/00017.html#0000931> [Consulta: 07/8/201]

ellos muy arraigados y asentados en el alma, no los echaba ella de ver, y así no entendía que tenía en sí tanto mal.[18]

Esta experiencia de purificación podía ser muy dolorosa; era un aspecto de lo que Juan llama la "noche oscura". Pero el propósito de la purga era permitir que la plenitud del amor divino tomara plena posesión del alma. Por esta razón Juan llamaba a esta noche no solo oscura, sino también "más amable que la alborada". Luego Juan continuaba describiendo los efectos de la noche oscura:

> [H]aciéndola [al alma] desfallecer en esta manera a todo lo que no es Dios naturalmente, para irla vistiendo de nuevo, desnuda y desollada ya ella de su antiguo pellejo. Y así, se le renueva, como al águila, su juventud [...], quedando vestida del nuevo hombre [...]. Lo cual no es otra cosa sino alumbrarle el entendimiento con la lumbre sobrenatural, de manera que de entendimiento humano se haga divino unido con el divino; y, ni más ni menos, informarle la voluntad de amor divino, de manera que ya no sea voluntad menos que divina, no amando menos que divinamente, hecha y unida en uno con la divina voluntad y amor; [...] Y así, esta alma será ya alma del cielo, celestial, y más divina que humana.[19]

Esta posibilidad de transformarse en "partícipes de la naturaleza divina" (2 Pe 1, 4) era la vertiginosamente alta visión que había capturado Juan de la Cruz y sobre la cual centró la totalidad de su formidable energía de mente y alma. Algo de esa visión está atrapada en el poema de Juan "Otras del mismo a lo divino":

Tras un amoroso lance,
y no de esperanza falto,
volé tan alto, tan alto,
que le di a la caza alcance.

---

[18] *Ibid.*
[19] Juan de la Cruz, *Santo: Noche Oscura*, Libro Segundo, Capítulo 13, <http://www.concordanze.eu/1001/1001/00017.html#0000931> [Consulta: 07/8/201]

Cuanto más alto subía
deslumbróseme la vista,
y la más fuerte conquista
en oscuro se hacía;
mas por ser de amor el lance
di un ciego y oscuro salto,
y fui tan alto, tan alto,
que le di a la caza alcance.[20]

Los últimos días de Juan

Los últimos días de Juan de la Cruz transcurrieron manteniendo la forma cruciforme de su vida. Raramente Juan contaba algo de sus propias experiencias místicas; pero una vez le relató a su hermano un encuentro con Cristo. Una noche, mientras estaba rezando delante de la cruz, Cristo le había hablado, diciendo: "Fray Juan: pídeme lo que quisieres, que yo te lo concederé por este servicio que me has hecho." A esto, Juan respondió: "Señor, lo que quiero que me des es trabajos que padecer por ti y que yo sea menospreciado y tenido en poco."[21] La oración de Juan de amor por su Señor crucificado fue escuchada y respondida.

Para 1588 la reforma descalza había obtenido cierta independencia y, ahora, su existencia y su crecimiento estaban asegurados. Teresa se había ido a su recompensa, y Juan había continuado la obra de fundar casas nuevas y de actuar como amado prior y director espiritual para muchos en la reforma. La nueva congregación descalza ahora eligió a Nicolás Doria,

---

[20] Juan de la Cruz. Santo: "Otras del mismo a lo divino", < http://www.concordanze.eu/1001/1001/00018.html#0000003> [Consulta 07/8/2017]

[21] Benítez Lozano, Omar Augusto: *La cruz en la vida espiritual según San Juan de la Cruz*, Extracto de la Tesis Doctoral presentada en la Facultad de Teología de la Universidad de Navarra, Pamplona, 1998, 448-449. <dadun.unav.edu/bitstream/10171/11581/1/CDT_XXXV_06.pdf> [Consulta: 07/8/2017]

de la poderosa familia genovesa, como su primer vicario general. Doria fue una personalidad fuerte que llegó a su puesto con muchas innovaciones en mente, incluido un deseo de centralizar el gobierno de las congregaciones descalzas. Cuando Juan habló por lo que muchos consideraban la esencia de la reforma descalza tal como la había promovido Teresa, entró en conflicto con el nuevo vicario general, quien determinó marginarlo y, si fuera posible, deshonrarlo. En 1591, a Juan le retiraron las responsabilidades que había tenido y lo enviaron a un monasterio aislado y distante en un lugar llamado La Peñuela. Cuando algunos de sus hermanos lo urgieron a presentar protestas contra este tratamiento injusto, se negó a defenderse. Mientras estaba en La Peñuela pronto tuvo fiebre y murió cuando sus enemigos estaban reuniendo testimonios difamatorios contra él, con la esperanza de reportarlo a la Inquisición. Todavía no tenía cincuenta años. Movido por el amor hasta el último momento, en su lecho de muerte, Juan pidió a uno de sus hermanos carmelitas que le leyera versos del Cantar de los Cantares. Había llegado el momento para que el exiliado volviera a casa; había llegado el día para que el amante impaciente abrazara en su plenitud lo que había deseado tan ardientemente y perseguido tan fervorosamente durante el transcurso de su vida.

> *Entrádose ha la Esposa*
> *en el ameno huerto deseado,*
> *y a su sabor reposa*
> *el cuello reclinado*
> *sobre los dulces brazos del Amado.*
>
> (de "Cántico espiritual")[22]

---

[22] Juan de la Cruz, Santo: *Poesías*; Alicante: Biblioteca Virtual Miguel de Cervantes, 2000.<http://www.cervantesvirtual.com/obra-visor/poesias—49/html/fedce812-82b1-11df-acc7-002185ce6064_2.html#I_1_> [Consulta: 07/8/2017].

Epílogo

Era el mes de diciembre del año 1531. Los quince años anteriores habían golpeado trascendentalmente la Iglesia y la sociedad europea. Con Lutero en Alemania y Zwinglio en Suiza, la Reforma Protestante estaba perturbando ideas de larga data y poniendo en riesgo la unidad de la Iglesia. Tomás Moro estaba por renunciar a su cancillería en Inglaterra bajo la presión del Acta de Sucesión de Enrique VIII. Roma había sido devastada unos años antes por ejércitos imperiales y Viena estaba a punto de sufrir su segundo sitio por parte de los ejércitos de Solimán, el sultán turco invasor. Ignacio de Loyola y Juan Calvino estaban en la Universidad de París; no se conocían entre sí y sus planes todavía estaban gestándose. Hacía diez años, España había conquistado el Imperio azteca y estaba asegurando sus nuevas posesiones americanas.

En medio de estas poderosas personalidades y trascendentales acontecimientos, un indígena de México, un hombre sencillo que había sido bautizado siete años antes y recibido el nombre de Juan Diego, vivió una experiencia extraña y maravillosa mientras caminaba por un lugar poco conocido junto al cerro del Tepeyac. Oyó música y cantos que venían de la cima del cerro y luego oyó que lo llamaban por su nombre. Subió al cerro y allí lo recibió la visión de una hermosa mujer que se identificó como María, la Madre de Dios. Este fue el comienzo de la famosa historia de la Virgen de Guadalupe: la Bienaventurada Madre que vino como princesa mestiza, que hablaba náhuatl y español, y que dejó grabada su imagen en la tilma de Juan Diego. La aparición, y la fidelidad de Juan Diego al mensaje de la Virgen, abrió las compuertas de la conversión y tendió los cimientos de la Iglesia en México. Quince años después, se habían bautizado unos nueve millones de indígenas mexicanos. Fue un paso monumental en la renovación y el crecimiento de la Iglesia. Captó la imaginación, no solo de México, sino también de Europa. La imagen de Guadalupe flameó en la punta del mástil del buque insignia del capitán genovés Andrea Doria en la batalla de Lepanto.

Mucho podría decirse acerca de la importancia de Nuestra Señora de Guadalupe en la historia de la Iglesia y del mundo. Para esta exposición, es importante observar que quien estaba evangelizando y renovando la vida de la Iglesia era la misma Virgen Santísima. Es un recordatorio de dónde radica la iniciativa en todas las cuestiones de la dirección y el desarrollo de la Iglesia. La Iglesia pertenece a Cristo; es su Cuerpo y él la gobierna de acuerdo con su sabiduría y sus planes. Dios ha dignificado a la humanidad permitiéndonos participar en su vida y su misión. Pero nuestra parte está siempre subordinada a la suya y solo es eficaz cuando se rige por su iniciativa. Toda la energía de los santos más importantes no tendría razón de ser si no la utilizaran en cooperación con la acción de Cristo.

Una vez G. K. Chesterton escribió:

> La fe ha muerto muchas veces y a menudo de vieja. Ha sido muchas veces asesinada y otras muchas ha fallecido de muerte natural, en el sentido de llegar a su fin natural y necesario. Es notorio que ha sobrevivido a las persecuciones más salvajes y universales, desde la embestida de la furia de Diocleciano hasta el embate de la Revolución francesa. Pero mayor y más extraña es su terca permanencia, ha

sobrevivido no sólo a la guerra sino también a la paz. Ha muerto muchas veces, y otras muchas decayó y degeneró. Ha sobrevivido a su propia debilidad y hasta a su propia rendición. [...]Se imaginó a la religión definitivamente marchita ante la seca luz de la Edad de la Razón. Se la imaginó por fin desaparecida tras el terremoto de la Revolución francesa. La ciencia pretendió obviarla, pero aún estaba allí. La historia la enterró en el pasado, pero Ella apareció repentinamente en el futuro. Hoy la encontramos en nuestro camino y, mientras la observamos, continúa su crecimiento.[1]

La "terca permanencia" de la que escribe Chesterton alude de paso a la naturaleza dual de la Iglesia. El aspecto humano de la Iglesia está sujeto a todos los defectos y las debilidades de una humanidad caída. Si solo miramos ese lado humano de las cosas, podemos engañarnos y creer que agota las esperanzas y los recursos de la Iglesia. Pero, como el corazón de la Iglesia está en el Cielo, como la pertenencia más potente de la Iglesia ya está perfeccionada en la presencia de Dios, como aunque es una sociedad antigua la Iglesia es también lo más nuevo en la faz de la tierra por la presencia del Espíritu Santo dentro de ella, está claro que la reforma sobrenatural y el resurgimiento son naturales para su vida. La reforma del siglo XVI, estimulada por una variedad de personalidades excepcionales, fue un ejemplo impresionante de este proceso, de la iniciativa divina que captó la cooperación de hombres y mujeres—los santos—dispuestos a la regeneración de la vida de la Iglesia. Así era entonces; así es ahora. Los últimos cien años aproximadamente han visto otra selección de santos extraordinarios: El padre Pío y la madre Teresa; Maximiliano Kolbe y Teresa Benedicta de la

---

[1] G.K. Chesterton, *El hombre eterno*, Cap. VI, p. 1003, 1007-1008. (http://assets.espapdf.com/b/G.%20K.%20Chesterton/El%20hombre%20eterno%20(7478)/El%20hombre%20eterno%20-%20G.%20K.%20Chesterton.pdf)

Cruz; Pío X, Juan XXIII y Juan Pablo II; Faustina Kowalska y Teresa del Niño Jesús. Su vida y su ejemplo, junto con los de muchos otros, son indicadores de la continua iniciativa celestial que toma Cristo al cuidar de su Cuerpo. Dejan en claro además en qué dirección proseguirán la reforma y la renovación de la Iglesia en nuestros días. Una vez más, son los santos quienes proporcionan la clave para comprender la obra de Dios en nuestro tiempo. Al imitar nosotros a los santos en su imitación de Cristo, podemos esperar que la vida regeneradora del Espíritu Santo vuelva a renovar y reformar la Iglesia.

LIGHTHOUSE TALKS™

¡Millones de Católicos están escuchando charlas que son inspiradoras y que pueden cambiar sus vidas!

¿Alguna vez quisiste ayudar a algún miembro de tu familia o a algún amigo que esté batallando con su fe, pero que no supiste cómo lograrlo? ¿Deseas enriquecer tu propia vida de fe? Ahora puedes hacerlo con nuestra selección extensa de Lighthouse Talks.

COMPRENDIENDO LA EUCARISTÍA
DR. SCOTT HAHN

El Dr. Scott Hahn (ex-ministro Protestante y ahora Católico), es uno de los principales teólogos del mundo. En esta presentación, él explica las enseñanzas de la Iglesia sobre la Eucaristía, usando una perspectiva bíblica e histórica completa.

GUADALUPE Y EL MISTERIO DEL VERBO ENCARNADO
XAVIER FERNANDEZ

La aparición milagrosa en el Tepeyac reemplazó los sacrificios aztecas por el eterno sacrificio del Cordero en los altares católicos. En esta presentación, la señal milagrosa revela la relación asombrosa entre María, el Apocalipsis y la Sagrada Eucaristía.

HIJO PRODIGO, DIOS MISERICORDIOSO
PADRE FERNANDO OREJUELA

El Padre Orejuela narra el testimonio de un hombre librado del vicio y transformado completamente, por medio de la intercesión de la Santísima Virgen y otros. Dios tiene un plan para nosotros y nos muestra siempre Su perdón y misericordia.

DESCUBRE POR QUÉ LIGHTHOUSE TALKS HAN ALCANZADO MÁS DE 15 MILLONES DE OYENTES POR TODO EL MUNDO

AUGUSTINE INSTITUTE

Para saber más, visítanos en nuestra página augustineinstitute.org/audio o llama al (866) 767-3155